PROF. NOSLEN BORGES

PREFÁCIO DO **MINISTRO LUÍS ROBERTO BARROSO**

PORTUGUÊS PARA NÃO PAGAR MICO

CITADEL
Grupo Editorial
2025

Português para não pagar mico

1ª edição: Junho 2025

Autor:
Noslen Borges

Preparação de texto:
Magno Paganelli

Revisão:
Daniela Georgeto
3GB Comunicação

Projeto gráfico:
Jéssica Wendy

Capa:
Rafael Brum

DADOS INTERNACIONAIS DE CATALOGAÇÃO NA PUBLICAÇÃO (CIP)

Borges, Noslen
Português para não pagar mico / Noslen Borges.
– Porto Alegre : Citadel, 2025.
144 p.

ISBN 978-65-5047-647-2

1. Língua portuguesa – Estudo e ensino 2. Língua portuguesa – Gramática 3. Língua portuguesa – Ortografia I. Título

25-2402 CDD - 469.07

Angélica Ilacqua - Bibliotecária - CRB-8/7057

Produção editorial e distribuição:

CITADEL
Grupo Editorial

contato@citadel.com.br
www.citadel.com.br

SUMÁRIO

PREFÁCIO

Em agosto de 2024, conheci o professor Noslen durante um evento do Supremo Tribunal Federal sobre influência digital e democracia. Em meio a outros criadores de conteúdo, o autor deste livro mais ouvia do que falava e parecia verdadeiramente sensibilizado por toda a experiência, que incluiu visita ao nosso edifício-sede, rodas de conversa comigo e com outros ministros e momentos de aprendizado sobre a Constituição, o Poder Judiciário e o Estado Democrático de Direito. Ao final, Noslen publicou um vídeo resumindo sua participação nessa imersão, que terminava com sua imagem sorridente à frente do STF e a legenda: "Um professor muito feliz por ocupar lugares em que jamais imaginou estar".

A humildade do educador, que já soma mais de 7 milhões de seguidores em suas mídias sociais, é colunista da principal revista semanal do Brasil e lidera um movimento nacional de democratização do aprendizado da língua portuguesa, chama a atenção. Em tempos de vídeos curtos, quem mobiliza a atenção da juventude surpreende. E mesmo para aqueles que, como eu – jovens há mais tempo –, não sucumbiram ao consumo diário das redes, a leitura deste livro pode proporcionar um mergulho no universo didático, lúdico e bem-humorado do maior professor de português da internet.

Dividido em 20 capítulos dinâmicos, *Português para não pagar mico* é um passeio pelas camadas estruturantes da língua portuguesa, em que pronomes, locuções, vírgulas, verbos e porquês são os tijolos que constroem o texto fluido, bem escrito e baseado na norma culta. Tão relevante quanto os ensinamentos do livro é a abordagem narrativa que dialoga conosco, eternos aprendizes do português, com proximidade. É quase como se estivéssemos numa aula particular com o autor, que nos guia em muitas jornadas, começando pela da temida crase (que mereceu dois capítulos) e terminando com a poesia contida em figuras de linguagem presentes na música brasileira – incluindo uma das minhas preferidas, escrita pelo cantor e compositor Renato Teixeira.

O que à primeira vista pode parecer incoerente e específico demais em nossa língua materna ganha sentido com as explicações do professor Noslen, que adota uma didática atualizada e em sintonia com o tempo presente. Em lugar dos textos professorais de um tempo que já passou, o uso de ritmos populares como o funk, ditados populares recriados, jogos de palavras e exemplos – o que dizer da menção à Fernanda Torres no capítulo das vírgulas? – ativam o aprendizado e constroem memórias. São recursos que também revelam a profunda relação do autor com o ensino do português, seus vinte anos de experiências em sala de aula e seu lado influencer.

Este livro também vai ao encontro de um tema prioritário para o Poder Judiciário enquanto estou à frente do Supremo Tribunal Federal: a linguagem simples que, nesta obra, está presente nas explicações leves e descomplicadas do autor, em textos que se aproximam da oralidade. Mesmo quando o assunto são os homônimos e parônimos do capítulo 8, que se desdobram em homófonos e homógrafos, as explicações surpreendem pela clareza e empatia. E os recursos adicionais da obra, disponíveis nas videoaulas hospedadas em QR Codes, complementam a experiência de aprendizado, adicionando uma camada do carisma próprio de Noslen.

Sou professor universitário há quarenta anos. Uma das minhas crenças mais profundas é a de que somente a educação poderá promover as transformações sociais, econômicas e políticas de que o nosso país tanto precisa. Educar é uma missão de vida que, no caso do professor Noslen, assume a língua portuguesa como agente de transformação da realidade, seja por meio da prova de vestibular que qualifica para o ensino superior, da redação de uma lei que pode mudar vidas inteiras ou da criação de um livro que amplia horizontes. Inspirar o gosto pela escrita e leitura, superando barreiras que separam a juventude do conhecimento, é um dos legados mais nobres que alguém pode deixar neste mundo. Uma forma de caminhar na direção certa, mesmo que ainda não estejamos na velocidade desejada. Bem tranquilo, bem suave, como conclui o autor deste livro.

– Ministro Luís Roberto Barroso
Presidente do Supremo Tribunal Federal no biênio 2023-2025

INTRODUÇÃO

Fala, pessoas! Este livro é mais uma forma que eu encontrei de trazer a língua portuguesa de modo simples e acessível para qualquer pessoa.

Para quem não me conhece, eu me chamo Noslen Borges de Oliveira, sou natural de Curitiba, no Paraná, graduado em Letras Português/Espanhol pela Universidade Tuiuti do Paraná e lecionei por mais de vinte anos em colégios e cursos pré-vestibulares de Curitiba e região até trocar as salas de aula presenciais pela sala de aula online. Sou dono do maior canal de ensino de língua portuguesa do mundo, com mais de cinco milhões de inscritos, e do maior canal de educação formal do Brasil. Além disso, venci inúmeros prêmios na internet, dentre eles Educação Midiática no YouTube e Prêmio Ibest como Influenciador de Educação 2024, e já participei de inúmeros programas, como *Eliana*, *Canta Comigo*, *Shark Tank Brasil* e outros. Sou também colunista da revista *Veja*, com a coluna "Na Ponta da Língua".

Sou responsável por inúmeras aprovações no Brasil em provas como Enem, vestibulares e concursos públicos. Pessoas que tinham dificuldade em aprender minimamente a língua portuguesa passaram a gabaritar provas a partir do meu método de ensino. Esse busca proporcionar o domínio da língua portuguesa por meio de sua aplicação prática no dia a dia, sempre com muito humor e paródias, tornando a aprendizagem leve e prazerosa. Acredito profundamente em um ensino disruptivo, pois sei que dominar a nossa língua é um poderoso instrumento de ascensão social. Este livro é mais uma prova disso!

Aproveito também para dedicar este livro a toda a minha família, em especial a minha esposa, professora Ma. Glaucia Dissenha, que está junto comigo em tudo que faço e nesta obra também. Agradeço também aos meus amigos que sempre acreditaram em meu trabalho e são como família para mim. Não posso me esquecer de todos os meus queridos Nonozinhos, que é como eu chamo carinhosamente cada uma das pessoas que me seguem em todas as minhas redes sociais; sem vocês nada disso seria possível, pois tudo que eu faço é para vocês e por vocês.

Esta obra vem também celebrar toda a educação brasileira e em especial os meus colegas professores, que tanto lutam para fazer um ensino forte e transformador nas inúmeras salas de aula no Brasil.

Se você ama a língua portuguesa, este livro é para você; se não ama a língua portuguesa, este livro é mais ainda para você. Que o domínio de nossa amada língua seja o caminho para uma vida com muito mais crescimento e possibilidades de ascensão social a cada um que leia e tenha contato com a forma como eu apresento este conteúdo.

Viva a língua portuguesa, e que a partir da leitura deste livro você nunca mais pague mico com ela.

– Professor Noslen Borges

1.

SEJA MUITO BEM VINDO, BEM-VINDO OU BENVINDO?

Fala, pessoas! Tudo certo por aí? Começamos agora o primeiro capítulo do nosso livro *Português para não pagar mico*. Se você quer destravar a língua portuguesa, vem com a gente. Prepare-se para entender de vez o uso da expressão "bem-vindo" e suas várias formas de escrita, de um jeito simples e sem complicação. E claro, se este livro fizer a diferença para você, ajude mais gente a perder o medo do português: compartilhe nas suas redes! Agora vamos nessa neste capítulo de curiosidade.

O capítulo de hoje é sobre o uso adequado das expressões bem--vindo com hífen, bem vindo sem hífen e benvindo tudo junto.

Muito bem, pessoas! Vamos conversar um pouquinho sobre a escrita dessa palavrinha – ou melhor, dessa expressão – que muita gente ainda não sabe exatamente como usar. Já aproveito este capítulo para desejar a todos que sejam **bem-vindos** a este livro, que foi feito e pensado com muito carinho para você aprender a nossa amada língua e se dar bem na vida com o domínio dela.

Essa expressão pode ser escrita de várias maneiras. O que acontece é que, durante muito tempo, as pessoas não sabiam direito se **bem-vindo** levava hífen, se era sem hífen ou até se se escrevia tudo junto. Bem, vamos lá!

A forma correta de escrever "bem-vindo", quando usamos para recepcionar alguém, é com hífen, beleza? Essa é a forma correta de escrita desde o último Acordo Ortográfico, e nem vou chamar de "novo acordo", porque ele já está valendo há mais de dez anos.

Ou seja, desde 2009, a forma certa é "bem-vindo", com hífen. Logo, sejam todos bem-vindos a este capítulo. Temos, ainda, a possibilidade da variação de gênero, como no exemplo:

Glaucia, volte quando você desejar, sempre será **bem-vinda** ao nosso lar.

Nesse caso, bem-vinda está concordando com a pessoa, Glaucia, beleza? A palavra bem-vinda varia de acordo com o gênero da pessoa a quem se refere. Então, bem-vindo é com hífen e bem-vinda é com hífen também. É só a última palavra que muda para concordar com o substantivo a que se refere. Funciona da mesma forma se o sujeito estiver no plural. Por exemplo:

Estudantes, sejam muito **bem-vindos**.

Tranquilo, fácil, sem nenhum segredo!

– *Mas, professor, então quer dizer que bem-vindo sem hífen não existe?*

Não existe como expressão única, mas há um fenômeno que pode acontecer, que é o seguinte: em algumas frases, podemos ter uma construção em que a palavra "bem" aparece ao lado da palavra "vindo". Por exemplo:

Um **bem vindo** de você me enche de alegria.

Perceba que podemos até trocar a palavra "bem" por "mal" que a frase continuará com sentido. Isso acontece porque são duas palavras que têm significados próprios na frase e que, por uma questão de estrutura, aparecem juntas, porém não no sentido de recepcionar as pessoas.

Agora, você pode estar se perguntando: existe a possibilidade de escrevermos tudo junto?

Antigamente, num passado remoto, as pessoas tinham essa ideia de que "bem-vindo" se escrevia tudo junto, muito por influência do espanhol, "bienvenido", que se escreve tudo junto.

"Bienvenidos, chicos y chicas. Como están? Tranquilos? Un abrazo para los hermanos de toda América Latina."

Eita, que tal? Sim, aqui vai um segredinho meu para vocês: eu sou formado em português e espanhol, mas confesso que este último eu não pratico tanto quanto deveria.

Muito bem, olha só.

"Benvindo" não existe, mas algumas pessoas têm como sobrenome a palavra Benvindo, ou até mesmo como nome, e aí é tudo junto, com N, certo? Por exemplo:

O nome do meu médico é doutor **Benvindo**.

Esse é o sobrenome dele, ou pode aparecer como primeiro nome.

Ex.: **Benvindo** Siqueira Junior, certo?

Nesses dois últimos casos, temos um substantivo próprio, então a grafia correta é tudo junto.

Porém, lembre-se sempre: a expressão "bem-vindo", usada para recepcionar alguém no dia a dia, sempre será grafada com hífen, tá?

Então, no final das contas, no nosso uso cotidiano, o certo é sempre bem-vindo ou bem-vinda, ambos com hífen, beleza? E isso acontece porque, no último Acordo Ortográfico, está escrito o seguinte: "Em palavras formadas por meio de uma composição por justaposição, o hífen é obrigatório para as palavras que vêm derivadas de bem e mal". E se você não lembra o que é justaposição e aglutinação, não tem problema! Vou recapitular por aqui.

➔ **Justaposição** é um processo de formação de palavras em que juntamos duas palavras que já existem e criamos uma nova, sem perda fonética, ou seja, sem perder nenhum som.

Por exemplo: guarda + chuva = **guarda-chuva**.

➔ Já a **Aglutinação** é um processo de formação de palavras em que juntamos duas palavras que já existem e criamos uma palavra nova, porém, dessa vez, com perda fonética, ou seja, algum som é eliminado ou até modificado. A isso chamamos de composição por aglutinação.

Por exemplo: plano + superfície = **planície**.

Aqui a gramática é contextualizada para o cotidiano e para as provas da vida. Agora que você entendeu como funciona o uso da palavra "bem-vindo" – e o quanto ela pode confundir –, tenho certeza de que não vai mais errar.

2.

QUE CRASE É ESSA?

Fala, moçada! Estou muito feliz por escrever este capítulo sobre crase, porque tenho certeza de que você vai compreender melhor esse assunto. Muita gente estava desesperada, gritando: "Por favor, professor! Faz um capítulo sobre crase!". Então, que soltem os fogos e rufem os tambores!

Com vocês, nosso capítulo sobre crase!

Muitos me perguntam: "*Professor, pelo amor de Deus, pra que serve a tal da crase?*". A primeira coisa que vamos fazer é desmistificar esse negócio. "*Ah, professor, mas é muito difícil!*" Eu digo para você que não é, é bem tranquilo e fácil de entender.

Vou mostrar para você quando a crase deve ser sempre usada, em seguida quando ela é facultativa e, por fim, quando nunca deve ser utilizada – arrematando esse assunto de forma tranquila com este capítulo.

A primeira coisa que vem à mente quando falamos em crase é a letra "a". Mas por que a letra "a"? Porque a crase só ocorre quando temos a preposição "a" mais o artigo "a". Para que isso ocorra, é necessário haver uma palavra anterior que determine o uso da preposição "a" e uma palavra feminina posterior que admita o uso do artigo "a", certo?

Então veja como é simples. Quando você lê o conceito de crase em qualquer livro de gramática, geralmente encontra uma explicação técnica, do tipo: "É preciso haver uma preposição regida pelo termo anterior e o artigo feminino aceito pelo termo posterior dentro da mesma frase".

Para facilitar, vou trocar isso em miúdos e deixar ainda mais fácil. Primeiro, para ter crase, é preciso haver preposição. Segundo, só usamos crase com palavras femininas. São essas duas condições que invocam a crase. Anote isto: para se ter crase, deve haver preposição, só usamos crase com palavras femininas. Belezinha? Fácil? Então, para facilitar, fiz esse conceito em forma de paródia. Leia o trecho abaixo no ritmo do funk do DJ Créu:

Pra pôr a crase tem que ter preposição.
Pra pôr a crase tem que ter habilidade.
Só uso a crase com palavras femininas.
Pra pôr a crase tem algumas propriedades.

Eu troquei todo aquele conceito elaborado, cheio de palavras técnicas, por esse refrão inspirado na "Dança do Créu" – que, no meu caso, virou o "Funk da Crase". Então, leia esse refrão no ritmo do "Créu" e me imagine dançando esse funk. Tenho certeza de que isso vai te ajudar a lembrar desse conteúdo, e você nunca mais vai errar o uso da crase, beleza?

Agora, para iniciarmos a parte do uso da crase, vou te ensinar alguns passos que vão te ajudar a identificar o uso nos textos. Vamos lá?

Troque a palavra feminina por uma masculina equivalente

Vou propor uma frase e vamos tentar usar a primeira regrinha básica da crase. Na frase do exemplo a seguir, troque a palavra feminina por uma masculina equivalente. Se, ao fazer essa troca, você também tiver que substituir o "a" que vem antes da palavra feminina por "ao" antes da palavra masculina, então a frase pede crase. Por quê? O que é o "ao", na verdade? É a preposição "a" mais o artigo "o". Se, ao trocar, o "o" virar "a", coloque crase. Fácil, hein?

Então, veja só... vamos pegar uma frase qualquer:

Ex. 1: João voltou **a** cidade natal. (Tudo sem crase por enquanto.)

– Professor, não sei se vai crase antes de "cidade natal"!

Beleza, vamos pensar juntos: "cidade" é uma palavra feminina? Sim. Então, vamos trocar por uma palavra masculina equivalente. Troque "cidade" por "país". Fica assim:

Ex. 2: João voltou **ao** país natal.

Opa! Se você usou o "ao" antes da palavra masculina equivalente, significa que o "a" vem antes de "cidade natal" – e, portanto, deve ter crase. Então:

Ex. 3: João voltou **à** cidade natal.

Quer ver mais uma? Vou usar outra frase.

Ex. 4: Os documentos foram apresentados **a** juíza. (Sem crase por enquanto, beleza?)

Agora tire a palavra "juíza", coloque a palavra "juiz" e veja como fica.

Ex. 5: Os documentos foram apresentados **ao** juiz.

Se usarmos o "ao" antes da palavra masculina, significa que antes da palavra feminina devemos usar crase. Então:

Ex. 6: Os documentos foram apresentados **à** juíza.

Esse passo a passo sempre funciona nos casos em que não é uma locução adverbial feminina. Se você troca a palavra feminina por uma masculina e precisa usar o "ao", significa que vai crase antes da palavra feminina; se não usar o "ao", então não vai crase na frase original. Fácil demais, não é?

Com nomes geográficos, parte 1

Temos, ainda, o uso da crase com nomes geográficos.

– *Como assim* ***nomes geográficos****, professor?*

É quando usamos a crase com países, cidades e lugares físicos. Vamos pegar uma frase qualquer:

Ex. 1: Foi a França. (Tudo sem crase por enquanto.)

Será que vai crase em "a França"?

– *Professor, não sei!*

É fácil descobrir: troque o "a" por "para" – Foi "para **a**" França ou "para" França? Nesse caso, seria "para a França", o que significa que, ao usar "para a", tenho preposição (para) mais artigo feminino (a), concorda? Ou seja, "Fui **à** França". É necessário usar crase, pois há preposição mais artigo.

O grande lance aqui é o seguinte: em nomes geográficos, se você substitui "a" por "para a", é necessário usar crase.

Vamos a outro exemplo.

Ex. 2: Fui **a** São Paulo.

Fui **para** São Paulo. (E não "para **a**" São Paulo, logo, não vai crase.)

Tranquilo? Não tem segredo, gente. Em nomes geográficos, se usar "para a", vai crase; se usar somente "para", não vai crase. Fácil? Essa substituiçãozinha é uma dica fácil de aplicar. Ela pode ser um pequeno macete para você identificar onde usar a crase e onde não usar. Muito fácil, muito tranquilo.

Agora, se eu especificar o nome "São Paulo", aí tenho uma crase obrigatória.

– Como assim, professor?

Veja o exemplo:

Ex. 3: Fui **à** São Paulo dos paulistanos.

Fui **para a** São Paulo dos paulistanos.

Com nomes geográficos, parte 2

Existe outro macete que também ajuda nessas horas.

Ex. 1: Retornou a Argentina. (Vai crase? E aí?)

Nesse caso, troque o verbo "retornar" pelo verbo "voltar".

Ex. 2: Voltou **da** Argentina ou Voltou **de** Argentina?

O correto seria "Voltou **da** Argentina". O que isso quer dizer? O "da" é a preposição "de" mais o artigo feminino "a", e, se tem preposição mais artigo, significa que a frase "Retornou **à** Argentina" deve levar crase, certo?

A ideia é mais fácil do que o "para a"; então, se você usou o "da" em "Voltou da Argentina", precisa usar crase na frase original. Agora, vamos a outros exemplos:

Ex. 3: Retornou a Roma. Logo, "Voltou de Roma". Então, esse "a Roma" não tem crase. Sacou a ideia? Se usou o "de" na substituição, não tem crase; se usou o "da", tem crase.

Crases obrigatórias

Muito bem, olhe só. Agora, depois do que eu disse anteriormente, e das dúvidas sobre crase que resolvi com as substituições, existem algumas crases que são obrigatórias e que você vai precisar gravar. Infelizmente, nesses casos, não tem o que fazer, não tem escapatória, não tem macete que possa ajudar.

Locuções adverbiais femininas

Locuções adverbiais femininas são expressões que indicam relação de lugar, tempo, instrumento, modo e outros. Nesses casos, a crase é obrigatória. Por exemplo:

Ex. 1: Seu pai saiu às pressas.

"Às pressas" é o **modo** como o pai da pessoa saiu, uma locução adverbial feminina. Portanto, vai crase obrigatoriamente.

Ex. 2: Estava à direita do irmão.

"À direita" é o **lugar** em que ela estava em relação ao seu irmão, uma locução adverbial feminina. Logo, vai crase obrigatoriamente.

Ex. 3: Foi à frente de todos.

"À frente" indica **direção**. Qualquer expressão relacionada ao lugar, sendo uma locução adverbial feminina, deve ter crase.

Segue aqui uma lista dessas expressões para você gravar: às pressas, às vezes, à risca, à noite, à direita, à esquerda, à tarde. Todas são locuções adverbiais femininas e devem, obrigatoriamente, levar crase.

Bem tranquilo, numa boa, fácil.

Para arrematarmos esse assunto, há algumas expressões, como: à bala, à vista (de pagamento à vista), que também têm crase. Sobre a expressão "à vista", veja que interessante. Pense comigo: pagamento à vista... Se eu tirar a crase de "à vista", ficaria como? Mudaria o sentido? Sim, mudaria. Com essas expressões, se tirarmos a crase, o sentido é alterado. Quer ver como funciona? Veja isso:

Ex. 4: Vendo à vista.

"Vendo à vista", com crase, significa que estou vendendo alguma coisa com pagamento em uma única vez. Estou vendendo o meu carro "à vista", não é parcelado, certo? Craseado. Agora, se eu tirar a crase, surgem várias possibilidades de interpretação.

1. Vendo a vista. Pode significar que estou abrindo uma janela e vendo a vista panorâmica. Ou ainda:

2. Vendo a vista. Posso estar vendendo a vista, isto é, vendendo os olhos. Ou ainda:

3. Vendo a vista. Pode ter o sentido de colocar uma venda nos olhos, ou seja, "vendo a vista" no contexto de tapar os olhos.

Tirando a crase das expressões "à vista" e "à bala", mudamos o seu sentido. Essa crase é obrigatória também, certo? Então, se você quer vender alguma coisa à vista, venda ela com crase, senão vai ficar meio estranho, beleza? E no caso de "a bala", veja este exemplo: Foi ferido à bala. (Logicamente, alguém foi ferido com um tiro.)

Foi ferido a bala. (Nesse caso, parece que a bala foi ferida e ainda temos um erro de concordância, pois o certo seria "foi ferida".)

Essa regrinha você precisa gravar. E, se quiser, pode grifar tudo aqui no texto, afinal, livros também são feitos para isso.

Expressões "à moda" e "à maneira"

Seguimos agora com duas expressões bem bacanas: "à moda" e "à maneira", que funcionam de forma semelhante. Sempre que for possível trocar a crase pela expressão "à moda" ou "à maneira", mesmo que a palavra seguinte seja masculina, devemos usar a crase. Eu sei que já disse antes que a crase é usada apenas antes de palavras femininas, mas essa é uma exceção (e você sabe, a língua portuguesa adora uma!).

– Como assim, professor?

Olha só:

Ex. 1: Bife à milanesa.

É um bife à moda de Milão, certo? Então, "à milanesa" é "à moda de", por isso tem que ter crase.

Outro exemplo é o "bife à portuguesa", que é o bife feito à moda de Portugal, à maneira de Portugal; logo, ele leva crase também.

Agora, veja que legal:

Ex. 2: Faço poesia à Camões.

Camões é nome masculino, mas concorda que poesia "à Camões" é poesia "à moda" de Camões, "à maneira" de Camões? Sempre que puder substituir o "a" por "à moda de" ou "à maneira de", esse "a" será craseado. Então, "poesia à Camões" leva crase. Sacou? Esse é o único jeito de usar crase diante de palavra masculina. Belezinha? Fácil? Tranquilão? Muito bem.

Agora, muito cuidado com a expressão: "bife a cavalo" – ela não tem crase.

– Por que, professor? Não seria "à moda do cavalo"?

Não, né, lindeza? Nada a ver! "À maneira do cavalo"? Também não!

Não tem como ser bife à moda do cavalo, a não ser que o cavalo estivesse cozinhando para nós, ou se comêssemos iguais a ele, de quatro! Nada a ver!

Então, "bife a cavalo" não tem crase, certo?

Crase com pronomes

Pronomes demonstrativos

Agora, temos uma crase diferentinha: o uso com os pronomes aquele, aquela e aquilo. Sim, eles podem ter crase.

– Como funciona?

Funciona assim:

Ex. 1: Cheguei a este lugar.

Se trocar o "a este" por "aquele", concorda que, ao fazermos essa troca, precisamos escrever "Cheguei a aquele lugar"? Isso porque quem chega, chega A algum lugar (olha aí mais uma dica). Quando isso acontece, pegamos esse "a" – que é a preposição exigida pelo verbo "chegar" – e juntamos com o "a" inicial do pronome "aquele". E, assim, acabamos craseando: "àquele".

Ficaria assim: "Cheguei àquele lugar".

– Professor, mas como é que eu vou saber quando vai ou não vai crase no pronome "aquele"?

É fácil, é só trocar o "aquele" por "este". Se para manter o sentido na frase precisarmos utilizar "a este", vai crase no "aquele"; se não precisar da preposição "a" antes de "este", então não vai crase.

Esse mesmo macete vale para os pronomes "aquela" e "aquilo, como neste exemplo:

Ex. 2: Vou **aquelas** cidades. (Sem crase por enquanto.)

Trocamos "aquelas" por "a estas cidades", e pronto! Se você utilizou "a estas" no lugar de "aquelas" e fez sentido, então o "aquelas" tem crase: Vou àquelas cidades.

Esse é fácil. Então, ao trocar "aquele", "aquela" e "aquilo" por "a este", "a esta" e "a isto", caso se mantenha o sentido da frase, os pronomes levam crase.

Pronomes relativos

A crase também pode ser usada com o pronome relativo "a qual", mas isso vai depender do que vier antes, considerando o tipo de estrutura da frase. Por exemplo:

Ex. 1: Eis a moça a qual você se referiu. (Sem crase por enquanto.)

Muito bem. Quem se refere, se refere **a alguém**. Nesse caso, será que usamos crase no pronome "a qual"?

– *Professor, não sei.*

Eu explico. Troque a palavra "moça", que vem antes de "a qual", pelo seu correspondente masculino, "moço".

Ex. 2: Eis o moço ao qual você se referiu.

Se você usar o "ao" com a palavra masculina, significa que você tem que usar a crase na feminina. É a mesma lógica do macete básico que vimos no início deste capítulo, mas agora você vai prestar atenção na palavra que vem antes do pronome relativo.

– *Por quê?*

Porque o pronome relativo se refere ao que vem antes. Sacou a ideia?

> Ex. 3: Eis a moça <u>à qual</u> você se referiu. (Com crase.)

Muito bem, pessoal. Fechamos este capítulo sobre como crasear adequadamente. Ah, no próximo capítulo vamos falar sobre a crase facultativa, quando teremos algumas crases diferentes e quando nunca usaremos crase. Beleza? Na boa?

Tenho certeza de que, depois dessas explicações, você estará cada vez melhor em português!

3.

CRASEAR OU NÃO CRASEAR? EIS A QUESTÃO!

Você gostou do capítulo sobre crase? Foi massa, né? Cheio de macetes e explicações simples. Agora, vamos para um novo capítulo sobre o assunto. Para arrematar o uso da crase, vou explicar quando não usamos crase e quando ela é facultativa.

Antes, preciso falar de duas palavras específicas: "casa" e "terra". Como funciona a crase com elas?

Tanto para uma quanto para a outra, a regra é a seguinte: a palavra "casa", quando não estiver especificada, não leva crase.

> Por exemplo: Eu cheguei a casa.

Sim, quem chega, chega a algum lugar (e não em algum lugar).

Agora, se você especificar a palavra "casa", aí a frase precisará de crase.

> Por exemplo: Volte **à casa** dos seus pais cedo.

Eu especifiquei a palavra "casa", ou seja, "casa dos seus pais"; logo, vai crase. Sacou?

A mesma coisa acontece com a palavra "terra". Se não estiver especificada qual terra é, não se usa crase.

Por exemplo: Eles chegaram a terra.

Nesse caso, a palavra "terra" não está especificada, então não se usa crase, tranquilo? Agora, se a palavra "terra" estiver especificada, a crase se torna obrigatória.

Por exemplo: Eles chegaram **à terra** de seus antepassados.

Nesse caso, a palavra "terra" está especificada por "de seus antepassados"; logo, a crase é obrigatória.

Quero aproveitar para falar sobre o uso da crase com horas. Neste caso, ela é sempre utilizada. Então, dizemos "das 8 horas às 12 horas", assim como em "das 12h às 18h", e assim por diante. Dessa forma, resolvemos a parte básica do tema crase.

Agora, veja como é bacana entender os casos facultativos.

– Professor, o que é facultativo? Que tem faculdade?

Quase isso! Facultativo é aquele caso em que você pode ou não usar a crase.

– Mas, então, por que preciso saber desses usos, se no fim das contas tanto faz? Se eu não colocar a crase, está certo; se eu colocar a crase, também está certo.

Porque, se na prova cair uma questão pedindo justamente os casos facultativos, você já vai saber como usá-los. Mas fique tranquilo! São apenas três os casos facultativos.

O primeiro deles é quando houver pronomes possessivos femininos.

– E quais são os pronomes possessivos femininos, professor?

Minha, tua, sua, nossa, vossa – tanto no singular quanto no plural. Beleza? Fácil. Então, tanto faz se eu colocar crase nesses casos.

Por exemplo: Ela se refere **a minha** mãe.

Ou

Ela se refere **à minha** mãe.

Nesses casos, com crase ou sem crase, os dois estão corretos e têm o mesmo sentido. Então, com qualquer pronome possessivo feminino funciona assim. Beleza? Muito bem.

Outro caso bonitinho é com nome próprio feminino.

– *Como assim, professor?*

Com nomes de mulher, a crase é facultativa.

Por exemplo: Eu me referi **a Joana**.

Ou

Eu me referi **à Joana**.

Nesse exemplo, tanto faz o uso da crase. Mas cuidado com uma coisa: se eu especificar o nome próprio feminino "Joana", a crase se torna obrigatória. Então, se a frase for "Eu me referi à Joana da farmácia", a crase se torna obrigatória, pois especifiquei a "Joana". Assim, quando o nome próprio feminino não é especificado, crase facultativa; mas, se especificarmos o nome próprio feminino, daí a crase é obrigatória.

Outro caso facultativo bem simples ocorre quando usamos a palavra "até". O "até" também é facultativo.

Por exemplo: Todos os alunos foram até **a escola**.

Ou

Todos os alunos foram até **à escola**.

Na expressão "até a escola", o "a" antes de "escola" pode receber crase ou não, portanto seu uso é facultativo.

Muito bem! Para arrematarmos este capítulo, preciso dizer quando nunca se deve usar crase, beleza?

Você não usará a crase nas seguintes situações:

➔ Diante de palavras masculinas.

Ex.: Andei **a pé**.

Exceto no caso do capítulo anterior, em que falo de "à moda de" ou "à maneira de". Lembre-se de quando for trocar por moda e maneira!

➔ Outro caso em que jamais se deve usar crase é antes de verbos, porque a crase só ocorre diante de substantivos. Cuidado!

Ex.: Estou apto **a discutir** a situação.

Perceba que "a discutir" não leva crase porque se trata do verbo "discutir", e antes de verbo não usamos crase, tudo bem? Tudo resolvido. Belezinha?

➔ Entre palavras repetidas não se usa crase. "Cara a cara", "frente a frente", "lado a lado" – tudo sem crase. Por favor! Então, cuidado com isso, pois tem muita gente que usa, né? Em palavras repetidas não se usa crase. Não, não precisa.

➔ Em expressões que indicam distância ou tempo futuro não utilizamos crase.

Ex.: Sairá daqui **a** pouco.

"Daqui a pouco" é tempo futuro, portanto não precisa de crase, certo?

Ex.: Vou correndo daqui **a** esquina.

Esse caso também não precisa de crase, pois traz ideia de distância, certo?

As pessoas confundem muito isso, então é importante ficar ligado para não errar.

➔ Em dias da semana, normalmente não se usa crase, diferentemente de horas.

Ex.: Abrimos de segunda **a** quinta-feira.

Fique esperto com isso, pois tem muita gente que erra aqui. Já vi até em placas de supermercados, restaurantes e academias muitos erros relacionados aos dias da semana. Mas, para dias da semana, não usamos crase. Belezinha?

Em qual outra situação não se usa crase?

➔ Com pronomes de tratamento.

Cuidado! Com pronomes de tratamento, você não vai usar crase. Porém, vou abrir uma exceçãozinha aqui: "Dona", "Senhora" e "Senhorita" são os pronomes de tratamento que admitem crase. Então, nesses três casos, pode haver crase; já nos outros, não há crase.

Ex.: **A você, a vossa senhoria, a vossa excelência**, uma boa festa.

Ex.2: Deixo meu abraço **a Vossa Excelência** o Ministro Luís Roberto Barroso.

Muita gente também escreve errado "a todos", colocando crase.

Ex.: Desejo **a** todos um feliz ano novo!

A expressão "Desejo a todos" não leva crase! Mas vejo muita gente escrevendo errado nas redes sociais.

Para arrematar a parte em que você não vai usar crase, deixo a seguinte frase:

Não entrego a correspondência **a** pessoas estranhas.

Note uma coisa aqui: a palavra "pessoas" está no plural e o "a" que vem antes está no singular. Quando isso ocorrer, você não deve colocar crase. Essa frase só teria crase se você escrevesse assim:

Não entrego a correspondência **às** pessoas estranhas.

Sacou a ideia? Se eu coloquei o "as" antes de "pessoas", então usamos a crase. Agora, se eu falar "a pessoas", significa que aqui temos apenas a preposição e não precisamos colocar crase. Beleza? Não temos o artigo junto. Então, quando o substantivo feminino estiver no plural e o "a" que vem antes dele estiver no singular, não usamos a crase.

Tranquilaço?

E nós fechamos por aqui. Arrematamos de forma tranquila e suave todo o processo de uso facultativo, obrigatório e quando nunca usamos crase.

Após este capítulo, tenho certeza de que você não pagará mico em português.

4.

ATRÁS DE QUEM?

Neste capítulo, falarei sobre as palavras "atrás", "trás" (com "s") e "traz" (com "z"). Afinal, existe diferença entre elas? Qual é? Todas existem? Nenhuma existe? Então, vamos lá!

Esses três termos existem, mas cada um tem uma função, e é isso que a gente vai entender.

Vamos começar por "trás", com acento agudo no "a" e "s" no final (sem ambiguidades por aqui). Esse "trás" é uma preposição e, como tal, obviamente vai servir para ligar palavras, mas, ultimamente, tem sido muito utilizada como sinônimo da palavra "atrás".

Agora vamos entender o que é uma locução prepositiva. É quando duas ou mais palavras, juntas, exercem a função de preposição.

Por exemplo: Temos uma história **por trás** daquela foto.

Na expressão "por trás", temos o "por", preposição, e o "trás" preposição, formando uma locução prepositiva composta por duas palavras, sendo que a última sempre deve ser uma preposição.

Veja que interessante! A palavra "trás" é preposição, e está sendo utilizada ultimamente com o mesmo sentido de "atrás", mas sempre dentro das locuções prepositivas. Em outro exemplo temos:

Por favor, vá para **trás**.

Veja que em "para trás" também temos o "para", preposição, e o "trás", preposição, formando mais uma locução prepositiva. Fácil, né? Sem segredo.

Agora vamos à palavra "atrás". A palavra "atrás" é um advérbio e, claramente, indica posição. Por exemplo:

Tem alguém **atrás** de mim.

Perceba que ela indica a posição em que alguém se encontra, "atrás de mim". Portanto, esse "atrás" é um advérbio de lugar.

– Ah, professor, mas você canta a musiquinha das preposições e fala do atrás!

Exato! Mas lembre-se: eu só usei o "atrás" na musiquinha das preposições para ficar engraçadinho, porque eu falo "após, entre, atrás", e esse "atrás" é, na verdade, um advérbio, usado ali apenas como brincadeira. Tanto que depois continuo: "Sem, sob, sobre, trás", e esse "trás" é com "s", porque é a preposição.

Não sabe de qual musiquinha estou falando? Aponte o celular para o **QR Code** e você vai entender.

Muito bem. Então, "atrás" é um advérbio e indica posicionamento, certo? Agora vamos à última palavra que será tratada neste capítulo: "traz" com "z" e sem acento, que nada mais é que o verbo "trazer". Importante: fica esperto com isso! É o verbo "trazer" conjugado. Mas em que pessoa? Na terceira pessoa do singular, do presente do indicativo.

Veja só a conjugação:

Presente do indicativo do verbo Trazer

Eu trago
Tu trazes
Ele/Ela **traz**
Nós trazemos
Vós trazeis
Eles/Elas trazem

Veja que "Ele/Ela traz" é a terceira pessoa do singular do verbo "trazer". Então você percebe que a palavra "traz" só pode ser a ação de trazer. Cuidado! Não vá confundir com as outras palavras que eu já apresentei neste capítulo, hein! Aqui estamos falando da ação de trazer, e é nesse caso que usamos o "traz" com "z". Logo, se na frase que você quer escrever a ideia for de posição, não pode usar o "traz" com "z", tudo bem?

Veja um exemplo:

Ela **traz** sorvete para casa.

Perceba que o "traz" dessa frase vem da ação de trazer, ou seja, a outra pessoa levou sorvete para casa.

Outro exemplo que posso trazer seria o seguinte:

Traz esse lápis para mim, por favor!

Nesse caso, na verdade, quando eu digo "traz esse lápis", estou expressando uma ordem, um desejo. Aqui, já não seria a terceira pessoa do presente do indicativo, e sim a segunda pessoa do singular do imperativo, que também é outra forma de usar o "traz" sendo conjugado.

Assim, o verbo trazer conjugado pode aparecer na terceira pessoa do singular do presente do indicativo ou na segunda pessoa do singular do imperativo afirmativo, beleza? Em "traz essa caneta aí" e "traz esse lápis pra mim", as frases expressam uma ordem, um desejo, e o verbo está no imperativo, deixando isso claro.

Assim, toda vez que for uma ação, é com "z", porque é verbo. Se for preposição ou advérbio, usamos com "s". Sendo assim, são três classes de palavras diferentes, cada uma escrita de um jeito. "Trás", com "s", é usado em locuções prepositivas; "atrás", também com "s", é um advérbio de lugar; e "traz", com "z", é o verbo trazer conjugado (na terceira pessoa do singular do presente do indicativo ou na segunda pessoa do singular do imperativo afirmativo).

Tranquilo isso? Show de bola! Nunca mais você vai confundir na hora de escrever. Agora eu tenho certeza de que você aprendeu e nunca mais vai pagar mico na internet escrevendo errado. Até o próximo capítulo!

5. POR QUE OS PORQUÊS SÃO TANTOS? PORQUE SIM! MAS POR QUÊ?

Pessoas, o capítulo lindeza que começa agora foi pedido por muita gente: é sobre o uso dos porquês.

Primeiro, precisamos saber o porquê de existirem quatro formas de escrita, né? De maneira prática e didática, vou explicar bem rapidinho pra gente entender como funciona.

O primeiro caso do uso dos porquês é quando ele é separado e sem acento. Muita gente diz: por que é o porquê de pergunta. Beleza, é também, mas não é só isso! Vamos ao exemplo:

Ex.: **Por que** ele sumiu?

Fiz uma pergunta – "por que" separado e sem acento, no começo de frase. Até aí, tudo certo. Mas ele também pode ser usado em mais um caso: quando pudermos trocá-lo por: pelo qual, pela qual, pelos quais ou pelas quais. Nesses casos, o "por que" também é separado e sem acento.

Ex.: As ruas **por que** passamos eram sujas.

Seria a mesma coisa que dizer: as ruas "pelas quais" passamos. Se conseguirmos substituir por "pelas quais", então essa substituição acontece porque, nesse caso, temos uma preposição mais um pronome relativo.

– Professor, o que é pronome relativo?

É a palavra que retoma outra dentro da frase. E, nesse caso, equivale a expressões como "pelo qual", "pelas quais". Logo, se posso fazer essa substituição, uso "por que" – separado e sem acento.

Muito bem! Agora vamos falar do "porque" – junto e sem acento. Esse é o "porque" de resposta, certo?

Vamos pensar assim: esse "porque" é, na verdade, uma conjunção. Sendo uma conjunção, ele tem a função de ligar duas orações. Então, essa é a função desse "porque" (juntinho e sem acento): ligar orações. Veja só o exemplo:

Ex.: Não fui à festa **porque** choveu.

Ele é todo junto, sem acento, ligando as orações. É uma conjunção. Beleza? Fácil, tranquilo, numa boa.

E como funciona o "por quê" (separado e com acento)? Quando uso ele? Gente, esse é o mais fácil de todos: ele aparece sempre no final de frases. Sempre! Veja o exemplo:

Ex.: Eles estão revoltados **por quê**?

É uma pergunta, né? Mas, mesmo sendo uma pergunta, como está no final da frase, usamos separado e com acento. Terminou a frase, separado e com acento.

Mas também poderia ser uma afirmação.

Ex.: Ele não veio e não sei **por quê**.

Veja que a frase terminou com uma afirmação, e ainda assim usamos separado com acento. Tranquilo, né? Fácil, de boa. Muito bem! Eu costumo dizer que esse "por quê" adora ficar agarradinho a uma pontuação. Facilitei?

E temos ainda o último caso, que é qual? O "porquê" junto e com acento. Esse é outro caso que também é fácil.

Nesse caso, vou transformar a palavra "porque" em um substantivo. Então, para isso, o que eu faço? Coloco o artigo "o" na frente e, sempre que isso acontecer, ele será escrito junto e com acento (o porquê). Muito tranquilo, né? Fácil demais!

Para deixar isso ainda mais claro, até fiz uma paródia para explicar melhor esse conteúdo, baseada na música "O Sol", do Vitor Kley, que para mim virou "Os Porquês". Vou deixar a letra aqui.

Os Porquês

Oh só, vê se não esquece e pega a minha dica.
Do uso dos porquês, aqui
Oh só, são de quatro espécies e vou te indicar
É fácil decorar assim...

O primeiro separa bem "POR QUE"
É o de pergunta, pergunta
O segundo é final de frase
Separado com acento.

E quando "PORQUE" junto vai
Cuida, não se distrai
Ele é de resposta
Junta e vai, vai...

Quando "O PORQUÊ" junto vai
Cuida, não se distrai
Substantivou com acento vai, vai, vai
E artigo vai, vai, vai

Tira as dúvidas da aula
E mantém a minha calma
Me deixa muito tranquilo
Tranquilo feito grilo (2x)

É isso, gente! Esses são os usos dos porquês – bem fácil, bem tranquilo, bem de boa.

Está vendo como aprender pode ser leve e tranquilo? Bora deixar sua escrita ainda mais poderosa e compartilhar conhecimento com os amigos nas redes! Vejo você no próximo capítulo!

6.

JUNTO OU SEPARADO?

Fala, moçada!

Neste capítulo, vamos conversar sobre algumas expressões que muita gente tem dificuldade em usar. Por exemplo, quando devemos escrever "demais" junto e "de mais" separado; "acerca" junto e "a cerca" separado; "senão" junto e "se não" separado.

Para que você não tenha mais dúvidas, as duas formas de escrita existem em todos os exemplos citados; porém, elas têm sentidos totalmente diferentes de acordo com o seu uso.

Vamos ver como isso funciona e algumas dicas para você não errar mais?

De mais x demais

Para começar, vamos falar sobre as expressões "demais" junto e "de mais" separado. As duas formas existem, mas há uma diferença na maneira de escrevê-las. Então, na própria frase "nada de mais" é só pensar que "nada de mais" é o contrário de "nada de menos", e "de menos" não é grafado junto, mas separado. Além disso, "menos" é o contrário de "mais". Ou seja, temos aí um "mais" e um "menos" da matemática. Então grave isto: "nada de mais" é a mesma coisa que dizer o contrário, "nada de menos", que sempre escrevemos separado; então, a expressão "nada de mais" se escreve separadinha

Veja os exemplos a seguir:

Você trouxe comida **de mais**.

Ele estuda **de mais** e socializa de menos.

Já a palavra "demais" também existe, mas é usada em outra situação e tem um sentido diferente, que não tem nada a ver com o "de mais" separado. O "demais" quer dizer o que está em excesso, demasiado, além da conta. Por exemplo, "Isso é demais pra mim". E, se é muito para mim, é demasiado para mim; então, nesse caso, escrevemos "demais", sempre que ela equivaler a excesso, algo além da conta, demasiado.

Para deixar ainda mais claro, nesse caso, ele seria um advérbio de intensidade, beleza? Então, funciona assim: na frase "Nada de mais", não tem sentido falar nada de excesso ou nada demasiadamente; isso não existe, não faz sentido nessa expressão. Mas e se eu mudar a frase para "Isso é demais"? É junto ou separado? Para saber, é só pensar um pouco. Experimente trocar o "demais" por "muito", "demasiadamente bom" ou "incrível"; nesse sentido, "demais" sempre será junto.

Então, o "demais" junto é um advérbio de intensidade; e, separado, é o contrário de "de menos", tranquilo? Exemplificando abaixo:

Noslen leu romances **demais**, por isso é romântico.

Aquela pessoa é **demais**!

Acerca x a cerca

Muita gente também sofre para entender a diferença entre o uso das expressões "acerca", junto, e "a cerca", separado. Como você já deve imaginar, as duas expressões existem, mas têm significados diferentes.

Diferenciar o "acerca" junto do "a cerca" separado é muito simples: "acerca" é a mesma coisa que "a respeito". Por exemplo:

Acerca dos últimos acontecimentos, não tenho nada a declarar.

Ou seja,

A respeito dos últimos acontecimentos, não tenho nada a declarar.

Então, grave assim: se é "a respeito de algo" ou "sobre algo", utilizamos junto; caso contrário, só pode ser separado.

Observe:

"A cerca" separado é a mesma coisa que "aproximadamente". Por exemplo:

Chegando ao local do acidente, ficamos **a cerca** de 50 metros de distância.

Ou seja,

Chegando ao local do acidente, ficamos a **aproximadamente** 50 metros de distância.

Então, grave assim: se é "aproximadamente" ou "por volta de" ou "em torno de", utilizamos separado; caso contrário, só pode ser junto.

Senão x se não

Para finalizarmos este capítulo e você se tornar craque nesses assuntos de língua portuguesa, vamos entender a diferença entre "senão" junto e "se não" separado.

A diferença principal no uso desses termos é que ambos existem, porém são usados com sentidos diferentes. Na escrita, muita gente acaba não usando de forma adequada, e essa confusão pode trazer problemas sérios de compreensão.

"Senão" junto é a mesma coisa que "do contrário". Por exemplo:

Coloque uma roupa mais quente, **senão** você irá passar muito frio hoje.

Ou seja,

Coloque uma roupa mais quente, **do contrário** você irá passar muito frio hoje.

Então, grave assim: se é "do contrário", utilizamos junto; se não for assim, só pode ser separado. Observe a seguir:

"Se não" separado é a mesma coisa que "caso não". Por exemplo:

Se não correr, você perderá o próximo ônibus.

Ou seja,

Caso não corra, você perderá o próximo ônibus.

Então, grave assim: se é "caso não", utilizamos separado; se não for assim, só pode ser junto.

Observação: Em alguns casos podemos ter confusão no uso dos senões, veja os exemplos:

I – Leve agasalhos, **senão** sentirá frio. (Pode-se usar "se não" neste caso, pois equivale a "Leve agasalhos; se não levar, sentirá frio".)

II – "Estude, **senão** será reprovado", o leitor pode substituir por "caso não" e achar que está certo usar "se não" (Estude, se não será reprovado). Porém, aqui só cabe "senão" pelo sentido do texto.

Bom, tenho certeza de que este capítulo foi demais! Acerca desses assuntos sobre expressões e palavras que podem ser escritas juntas ou separadas, creio que conseguimos deixar tudo bem claro. Se não ficou claro, é só reler o conteúdo acompanhando as videoaulas no meu canal do YouTube. Para isso, basta apontar o celular para o **QR Code** ao lado ou digitar Professor Noslen que você sempre vai me encontrar na internet.

Estamos juntos! E lembre-se: aprender português é uma forma de se comunicar com mais clareza e confiança. Um abraço e até o próximo capítulo!

7.

A LÍNGUA É VIVA, BRASIL!

Fala, moçada! Tudo certo? Neste capítulo, vamos bater um papo sobre um assunto que é a cara do Brasil: **variação linguística**. Se você já ouviu alguém falando "aipim", outro dizendo "macaxeira" e outro jurando que o certo é "mandioca", e ficou confuso... calma! Tá tudo certo. Isso é variação linguística em ação, e não, **não é erro!**

A língua muda. E ainda bem! A verdade é que a língua é viva, é movimento, e muda conforme o tempo, o lugar, grupo social e até o estilo de quem fala. Ela se adapta às situações, às pessoas e aos contextos. Isso significa que não existe um **"português único e imutável"**: o que existe é um monte de jeitos diferentes de falar, todos certos dentro de seus contextos.

Quem estuda isso é a **Sociolinguística**, que organiza as variações da língua em quatro tipos: **histórica, regional, social** e de **estilo**. Vamos entender cada uma delas do jeitinho Noslen de ser?

1. Variação histórica (ou temporal)

É o famoso: "como a língua era antigamente e como é hoje".

A língua muda com o tempo. Palavras desaparecem, outras mudam de significado ou até de grafia. E quando a gente fala de **variação histórica**, é impossível não lembrar do que aconteceu aqui no Brasil. Quando os portugueses chegaram em 1500, quem vivia aqui falava línguas indígenas – especialmente o **tupi-guarani**. Já os colonizadores falavam o **português europeu**, que, aliás, era bem diferente do português que falamos hoje, tanto aqui quanto em Portugal. Mas a história não parou por aí. Com o passar dos séculos, a nossa língua foi se transformando – porque é isso que as línguas fazem: **elas se moldam à realidade dos seus falantes**. E no caso do português brasileiro, essa transformação ganhou ainda mais camadas com a chegada dos povos africanos escravizados. Eles trouxeram consigo seus próprios idiomas e dialetos, que foram se misturando ao português falado aqui, criando novas palavras, sons e formas de expressão. Ou seja: o nosso idioma é fruto de uma **mistura poderosa** – português europeu, tupi-guarani e dialetos africanos. Tudo isso junto ajudou a formar o jeito único que a gente fala hoje. E quer saber? Isso é lindo. É história, é resistência e é identidade.

Exemplos de variação histórica:

Vossa Mercê → Vosmecê → vossemecê → Vancê → Você
Pharmacia → Farmácia
Motocicleta → Moto
Cinematógrafo → Cinema

Sabe aqueles textos antigos que parece que foram escritos em outra vida? Então, é isso. As palavras vão se adaptando à época e aos falantes.

2. Variação regional (ou geográfica)

Essa é fácil de perceber: o jeito que se fala em **Recife** é diferente do jeito que se fala em **Porto Alegre**, né? Isso ocorre por vários motivos, desde o tamanho do Brasil, que é um país continental, até a incidência maior dos povos europeus que chegaram àquela região e a quantidade de povos originários ali presentes. Assim encontraremos clássicos de palavras que significam a mesma coisa, porém mudam de região para região.

Exemplos clássicos:

Aipim = Mandioca = Macaxeira
Mexerica = Bergamota = Poncã
Vina = Salsicha
Quebra-molas = Lombada
Semáforo = Farol = Sinaleiro = Sinaleira = Sinal
Jaqueta = Japona
Estojo = Penal
Bolacha = Biscoito (eterna briga dos cariocas com o resto do Brasil)

Além disso, tem os sotaques, as pronúncias diferentes... e tá tudo bem! Isso é **identidade cultural** de cada lugar!

3. Variação social

Aqui, a coisa muda conforme o **grupo social**: idade, profissão, estilo de vida, tribo, galera de que você faz parte. Isso é comum e acontece em qualquer grupo social, palavras que apenas um grupo usa e que outro grupo muitas vezes nem sabe o que quer dizer. É o caso clássico do juridiquês para os advogados e juristas, ou ainda, as expressões do futebol, as comunicações dos gamers, e tantos outros grupos sociais. Para entender essas expressões, precisamos pedir a "tradução" delas para algum amigo que faça parte desse grupo social. Isso é uma riqueza muito linda da nossa língua.

Veja alguns exemplos disso:

Gamer diz "bug"
Nerd diz "fail"
Surfista diz "crowd"
Futebolista diz "tô na banheira" (só esperando a bola na frente do gol)

No rolê: "Fui no shop, comprei uma **peita,** *uma* **luna,** *um* **boot** *e uma* **bombeta.***"*
(tradução: camiseta, óculos, tênis e boné)

Ah, e tem as gírias dos nossos avós também, tipo:

"Ele é um pão!" (bonitão)
"Aquela menina é um broto." (fofa e bonita)

Cada geração tem seu jeitinho.

4. Variação de estilo (ou situacional)

Aqui temos um conceito bem simples, o contexto determina o uso da linguagem. Sabe quando você muda o jeito de falar dependendo de **com quem** ou **onde** você está? Isso é variação de estilo!

Eu ajusto a forma de falar de acordo com a pessoa com quem estou me relacionando. Foi o meu caso ao conversar com meu grande amigo, o Ministro Luís Roberto Barroso, para pedir que ele escrevesse o prefácio deste livro. Precisei ajustar a forma como eu falo; por mais que ele seja uma pessoa humilde e acessível, num primeiro momento eu não podia tratá-lo com a linguagem que uso com os colegas do futebol, por exemplo, afinal de contas ele é um juiz do Supremo Tribunal Federal, portanto, precisei ser mais formal na comunicação com ele, e isso faz parte das relações e do bom uso da língua. Assim é a variação de estilo, você ajusta a linguagem a partir dos contextos e interações. Veja os exemplos a seguir.

Se você vai a uma **entrevista de emprego**:

— Com licença, o senhor gostaria de ajuda?

Se está falando com o **seu melhor amigo**:

— E aí, mano, precisa de uma força aí?

É o mesmo "você", mas em contextos diferentes. Um mais formal, outro mais informal. **Não é errado – é adequado.**

Fica a dica!

Essas variações acontecem **ao mesmo tempo**, o tempo todo. E entender isso ajuda a **combater o preconceito linguístico**, que é quando alguém julga o outro pelo modo de se comunicar.

Lembre-se: não existe português certo vs. português errado. Existe o português da escola, o do trabalho, o da rua, da internet, da sua cidade, da sua avó, do seu rolê. Todos são válidos de acordo com os contextos de uso.

A língua é ferramenta, é comunicação, é ponte entre as pessoas. E a gente precisa usar essa ponte com liberdade e consciência. Por isso, se alguém falar diferente de você, não corrija se ela não pedir correção, só o faça se a pessoa lhe pedir essa ajuda e sempre aprenda com o outro.

A variação linguística é o retrato da nossa diversidade. E, cá entre nós, é isso que torna o português, e toda e qualquer língua, tão maravilhosos, né?

Deixo esse quadro de resumo para facilitar a sua vida nesse assunto:

Tipos de variação linguística

Tipo de variação	Também chamada de...	O que muda?	Exemplo prático
Histórica	Temporal / Diacrônica	A língua ao longo do tempo	*Vossa Mercê → Você*
Regional	Geográfica / Diatópica	De região para região	*Bergamota (Sul) = Mexerica (Sudeste)*
Social	Social/ Diastrática	De grupo social para grupo social	*Gírias de grupos: bug, crowd, fail...*
De estilo	Situacional / Diafásica	Varia de acordo com o contexto e a formalidade	*"Com licença, senhor" vs. "E aí, mano?"*

Agora que você entendeu o que é variação linguística, quero te desafiar. Grave um vídeo ou escreva um post com exemplos de variações linguísticas da sua cidade ou da sua família e marque **@ProfessorNoslen** com a hashtag **#naopagomico**. Vou repostar os mais criativos, hein!

Até o próximo capítulo!

8.

IGUAIS, PARECIDOS E NADA A VER (HOMÔNIMOS E PARÔNIMOS)

Fala, moçada! Vamos em frente, porque este capítulo é para falar de homônimos e parônimos. Vamos conversar rapidinho sobre isso, de forma bem direta e tranquila. Bora lá?

Fico muito feliz em falar sobre esse assunto, pois, apesar dos nomes estranhos, eles fazem parte do nosso dia a dia; estão na nossa comunicação e muitas vezes nem notamos. Para começar, vou explicar o porquê desses nomes: **homônimos** e **parônimos**.

➔ **Homônimos** são palavras que têm a mesma escrita e sentidos diferentes, ou o mesmo som e sentidos diferentes. Então, o homônimo se caracteriza por essa diferença. Sendo um pouco mais detalhista, a palavra homônimo vem do grego *homo* = iguais e *onyma* = nomes, ou seja, nomes iguais. Tranquilo?

Agora, quero mostrar algumas palavras, e é óbvio que existem vários outros homônimos na língua portuguesa. Mas nós não vamos trabalhar com todos, pois, se eu fizer isso, o livro teria que ser apenas sobre eles. Não que eu não queira escrever dezenas de páginas sobre esse assunto para você, mas aí, certamente, ninguém leria, né?! A menos que você quisesse se tornar um especialista apenas nesse assunto.

Vamos à primeira palavra: são (do verbo **ser**) e são (de **sadio**, **saudável**).

Ex. 1: Eles **são** felizes.

Ex. 2: Ele chegou **são** e salvo!

O primeiro exemplo traz o "são" do verbo ser conjugado na 3ª pessoa do plural do presente do indicativo: Eles **são**. Já o segundo exemplo traz a ideia de ser **sadio.** Ou ainda, estou **são** porque eu sarei da minha doença.

Sacaram a ideia? Esse **"são"** tem a ver com estar sadio, saudável.

Então veja: a escrita é igual, o som é igual, porém os sentidos são diferentes. Essa é exatamente a ideia dos homônimos, tudo bem? Mas é importante lembrar que existem três tipos de homônimos:

1. **Homônimos perfeitos**: são aqueles que têm o mesmo som, a mesma grafia e sentidos diferentes.

Vou começar deixando alguns exemplos de **homônimos perfeitos** em uma pequena lista:

Manga – fruto	Manga – parte da camisa
Caminho – trajeto	Caminho – ação de caminhar
Cedo – período do dia	Cedo – ação de ceder
Leve – peso de algo	Leve – ato de levar algo
Morro – local	Morro – ação de morrer
Rio – local aquífero	Rio – ação de rir

2. **Homônimos homófonos**: são aqueles que têm o mesmo som, grafias diferentes e sentidos diferentes.

Um exemplo é "cela", com C, e "sela", com S. Qual é a diferença entre elas? "Cela", com C, é a "cela" de cadeia; já "sela", com S, é do verbo selar.

Quando temos palavras com escritas diferentes, chamamos de heterógrafas (*hetero* = diferente, e *grafé* = grafia). Mas como o som dessas palavras é igual, as chamamos também de homófonas (*homo* = igual, e *fono* = som).

Mais um par bonitinho de palavras é "acento", com C, e "assento", com SS. Qual é a diferença entre elas, pessoal? "Acento", com C, é o acento gráfico, como o "acento" agudo que você colocou na palavra "gráfico". Agora, "assento", com SS, vem do verbo sentar. É o lugar onde você se senta para descansar.

Sacaram a ideia? Diferente, né? Temos, então, escritas diferentes, por isso são chamadas de heterógrafas, e sons iguais, por isso também são consideradas homófonas, beleza? Fácil, né? E o sentido, claro, é sempre diferente nesse caso, está bem?

Maravilha, mais um par de palavras, e este é bem legal. Na verdade, aqui não é só um parzinho, pois temos mais de uma palavrinha. As palavras são **cessão** com C e SS, **seção** com S e Ç, e **sessão** com S e dois S. Qual é a diferença entre as três? Vamos com calma:

Cessão, com C e dois S, está relacionada ao ato de ceder.

Ex.: Eu fiz a **cessão** dos meus direitos para o livro do Professor Noslen. (Mentira, porque o livro é meu.)

Ou seja, **cessão** é quando você cede algo, com C e dois S, beleza?

E se fôssemos escrever **seção** com S e Ç? Imagine que eu pego uma lata de achocolatado maciça e corto ela ao meio. Nisso eu fiz uma **secção**, ou seja, **seção**, e aqui as duas palavras são sinônimas. Logo, eu fiz um corte na lata, e ficou uma **seção**. Essa palavra é muito utilizada na matemática, na geometria, e a escrevemos com S e com Ç. Aqui também usamos a palavra para se referir às **seções** do mercado, por exemplo, a seção de hortifrúti, que é aquela dedicada a frutas, verduras e legumes.

Mas, se eu falo "a **sessão** do cinema", aí essa **sessão** é com S e dois S, porque se refere ao tempo de duração do filme no cinema.

Para finalizar a parte de homônimos (mas não ainda o nosso capítulo), eu queria deixar estas últimas palavras para vocês: **tacha** com CH, e **taxa** com X.

Tacha com CH é aquele prego pequenininho que utilizamos para pregar ou prender algo. Já **taxa** com X é o valor, tranquilo?

> Ex.: Eles **taxaram** as minhas blusas que vieram da China.

Vou deixar alguns pares de palavras que são homófonas, ou seja, têm o mesmo som, grafias diferentes e sentidos diferentes.

Acento – sinal gráfico	Assento – local para sentar
Coser – costurar	Cozer – cozinhar
Aço – barra de ferro	Asso – ação de assar
Conserto – arrumar	Concerto – espetáculo musical

3. **Homônimos homógrafos**: são aqueles que têm a mesma grafia, sons diferentes e sentidos diferentes. Alguns exemplos de homógrafos são:

Apoio – suporte	Apoio – verbo apoiar
Boto – golfinho	Boto – verbo botar
Fábrica – substantivo	Fabrica – verbo
Pelo – substantivo	Pelo – verbo pelar
Polícia – instituição	Policia – verbo policiar

Para saber o significado de uma palavra homógrafa, é preciso ficar atento ao contexto.

Bem, dito isso, vamos falar um pouquinho sobre os parônimos, que nada mais são do que palavras com escrita parecida, sonoridade parecida, mas com sentidos totalmente diferentes. Inclusive, muitas vezes elas apresentam sentidos contrários. Por isso, é comum as pessoas se confundirem na hora de utilizá-las.

Muito bem, observe as seguintes frases:

1. A tarefa foi **cumprida** com facilidade.

2. A tarefa foi **comprida** com facilidade.

Em qual das duas frases a palavra apresentada faz sentido? Nesse caso, o adequado seria **cumprida**, com U, pois vem da ideia de "cumprir" algo. Já a palavra **comprida**, com O, está relacionada a "comprimento", ou seja, ao tamanho de algo.

Veja outro exemplo:

1. Puxa, como a fila está **cumprida**!

2. Puxa, como a fila está **comprida**!

Devo escrever **cumprida** ou **comprida**? Com O ou U? Nesse caso, uso com O, de comprimento. Olha só, essas palavrinhas são muito comuns, e muita gente tem dificuldade na hora de escrever corretamente. Mas aqui temos exemplos de parônimos.

Então, grave assim, para você nunca mais ter dificuldades e errar o uso dessas palavras; qualquer outra coisa que não seja relacionada a tamanho vai ser com U. Por exemplo: cumprimentar, cumprir a tarefa; se for relacionado a tamanho, é com O. Por exemplo: comprimento, comprida. Tranquilaço? Bem de boa?

Muito bem! Vamos para mais um par de palavras que muita gente confunde: **descrição** e **discrição**. Qual é a diferença entre elas?

Descrição vem do ato de *descrever*, ou seja, contar algo em detalhes. Por exemplo: vou fazer a descrição de como está o ambiente aqui – cheio de luzes, uma xícara de café ao meu lado, meu computador à frente, minha esposa na outra mesa trabalhando e meu cachorro dormindo na porta do escritório, enquanto digito estas palavras para vocês. Sacaram? Eu estou descrevendo o ambiente, certo?

Agora, **discrição** tem a ver com ser *discreto*. Por exemplo: minha esposa é uma pessoa discreta, não gosta de aparecer muito. Ou seja, ela tem discrição – diferentemente de mim, que sou todo aparecido, nada discreto!

Então, uma coisa é ser ***discreto***, ter **discrição,** e outra coisa é ***descrever***, fazer uma **descrição**. Maravilha?

Vamos a mais um par de palavras que costuma gerar dúvida: **eminente** e **iminente**. Qual é a diferença entre elas?

Eminente significa ilustre. Veja o exemplo:

> 1. Hoje recebemos aqui em nosso programa o **eminente**, ou melhor, o ilustre Silvio Santos: "Má oe! Vem pra cá, chega mais no programa do Professor Noslen, oi!".

Já **iminente** se refere a algo que está prestes a ocorrer. Vejamos um exemplo:

> 2. É ***iminente*** a chegada aos 6 milhões de inscritos do canal do Professor Noslen.

Entendeu? Está para acontecer, é **iminente**. Então, não confunda mais **eminente** = ilustre com **iminente** = algo que está para acontecer.

Agora, outro exemplo – e aqui já trazendo mais um par de palavras. Imagine que você chega em casa e vê seu irmão roubando doce na geladeira.

"Doce, hein? Roubando doce na geladeira!"

Você pegou seu irmão em **flagrante**, no ato, na hora em que estava acontecendo.

– Mas, professor, poderia confundir com qual outra palavra?

Poderíamos correr o risco de confundir com **fragrante**.

Fragrante, com R, vem de *fragrância*. Sacaram a ideia? Uma pessoa *fragrante* é aquela que está exalando *fragrâncias,* ou seja, cheiros bons. Você passa um monte de perfume e aí fica **fragrante**. Sacaram a diferença? Então, cuidado!

Perceberam que o que muda nessas palavras é apenas uma letra e isso altera totalmente o sentido delas?

Agora, mais um par de palavras para finalizar os parônimos, e depois deixo uma tabela com mais alguns exemplos. Esta aqui é uma pegadinha da língua portuguesa. Olha só!

As palavras são: **infligir** e **infringir**. Primeiro, **infligir** significa impor ou aplicar algo. Por exemplo: "posso **infligir** uma punição" ou "**infligir** as leis", ou seja, aplicar as leis. Mas eu também posso **infringir** as leis. Nesse caso, significa desobedecer, quebrar a regra. Perceberam? Palavras muito parecidas, mas com sentidos praticamente opostos. Sacaram essa diferença? Cuidado, muito cuidado!

Agora, dê uma olhada nesta tabela com mais alguns parônimos para você estudar e fixar o uso correto de cada um:

Emigrar	**I**migrar
Inf**l**ação	Inf**r**ação
S**o**ar	S**u**ar
Cava**l**eiro	Caval**h**eiro
Abso**l**ver	Abso**r**ver
D**e**latar	D**i**latar
D**e**scriminar	D**i**scriminar
R**a**tificar	R**e**tificar

Esses são alguns dos inúmeros parônimos que nossa língua apresenta. A partir de agora, tenho certeza de que você não vai mais pagar mico por não saber esses detalhes da língua portuguesa.

Mostre como você usou essa dica no Instagram e marque @ProfessorNoslen.

Vamos que vamos!

9. VÍRGULA PARA RESPIRAR?

Tudo, certo, com, você?

Vamos para mais um capítulo sensacional do nosso livro que serve para evitar que você pague mico nas redes sociais, no seu trabalho ou em qualquer outro lugar onde você precise usar bem a língua portuguesa.

Estou tão feliz em ter você aqui comigo, fazendo parte da nossa família! E agora, mais um conteúdo incrível que todo mundo vive me pedindo: *"Professor, por favor, faz uma aula só sobre vírgula"*.

Eu sei que talvez você já tenha ouvido isso por aí – até mesmo nas séries escolares iniciais –, mas agora vamos entender de uma vez por todas como se usa a vírgula, beleza? Afinal, vírgula é para respirar, ou não? Claro que não.

Vamos com calma. Muito bem, o que está acontecendo aqui? Primeira coisa: neste capítulo, não vou falar sobre todos os sinais de pontuação. Hoje vou falar somente da vírgula, que é a maior dificuldade da galera. Mas fique tranquilo, seu uso não é tão complexo assim.

Vou mostrar alguns passos para você chegar sem nenhuma dúvida ao uso correto da vírgula, mas, antes disso, vamos entender um pouco melhor para que serve a pontuação de modo geral.

Quando a gente aprendeu a falar, foi ouvindo os outros. Até aqui, nenhuma novidade, certo? Já para aprender a escrever, foi diferente: fomos para a escola e a professora nos ajudou a desenhar as letrinhas... Então, deixa eu te contar uma pequena história de como surgiu a escrita, antes de entrarmos em pontuação e vírgula.

A representação gráfica da fala surgiu da tentativa humana de transformar sons em símbolos visuais. Afinal, a fala é sonora, percebida pela audição, enquanto esse novo sistema é visual, reconhecido pelos olhos, certo? Assim, podemos dizer que a fala pertence ao campo da audição, e sua representação gráfica, ao da visão.

Quando o ser humano criou esse sistema simbólico, buscava justamente registrar a linguagem falada por meio de sinais visuais. E foi dessa forma que nasceu o que hoje conhecemos como escrita.

Quando o ser humano construiu a escrita, conseguiu representá-la o mais próximo possível da fala. Porém, sabemos que a fala não é feita apenas de palavras soltas. Existe algo na comunicação oral que não está presente na escrita: a entonação de voz. É por meio da entonação que expressamos a intenção do que dizemos.

Olha só, se eu disser simplesmente para você: *Pare.* Com um ponto-final, essa frase tem uma intenção. Agora, se essa mesma frase for escrita com um ponto de exclamação (Pare!), a intenção muda. Se eu escrever com um ponto de interrogação (Pare?), já soa com outra intenção, e eu ainda poderia escrever com exclamação e interrogação juntas (Pare!?). Além destas, teria também a possibilidade de escrever com reticências (Pare...).

Veja que interessante: como é que vou representar toda as intenções dessas frases se eu não recorrer a outros recursos gráficos além das letras, palavras e frases? Não tem como!

Então, o que aconteceu? A pontuação surgiu justamente como uma tentativa de ajudar a transmitir as intenções da fala, ou seja, quando o ser humano criou a pontuação, ele estava tentando fazer com que a escrita tivesse um pouco mais da expressividade da fala – principalmente a entonação.

Então, pessoa, chega de pensar que pontuação é algo complexo. A pontuação traz entonação, carrega as intenções da fala e vai organizar o texto, pois ela também é um elemento de organização textual.

– Ah, professor, então não precisa saber regra.

Olha, não é que você não precise saber as regras. Elas estão aí para te orientar e normatizar. Você até pode entender o uso da pontuação sem decorar as regras, mas elas acabam se tornando uma consequência do estudo e da prática.

Eu diria que, ao aprender as regras, fica muito mais fácil aplicar as pontuações. Certamente, você consegue escrever muito melhor dominando essas regras. E, ao ter a intenção da sua fala na escrita – e compreender a intenção na leitura –, você vai entender o texto muito mais facilmente.

Porém, existem alguns textos cujo significado, na escrita, jamais vou conseguir entender sem saber o uso adequado da pontuação. É o caso dessa frase que escrevi agora há pouco: Pare. Pare! Pare? Pare... Entendeu? São vários usos diferentes da palavra "pare", e, na fala, eu daria a intenção que eu quisesse pela entonação da voz. Mas, na escrita, preciso usar a pontuação para transmitir as intenções corretas, do contrário, fica difícil saber qual é a intenção do texto, e talvez isso só seja possível pelo contexto.

Tranquilo? Então, a primeira coisa que você precisa saber é isto: a pontuação surge com a tentativa de trabalhar com as intenções e as entonações da fala. E, obviamente, a vírgula faz parte de tudo isso, como um elemento organizador.

É por esse motivo que, quando as pessoas dizem por aí "Eu coloco a vírgula no texto quando preciso respirar", isso não é verdade. Todo mundo aqui respira sem precisar de vírgula, né? Agora, imagine só: se eu tivesse que respirar a cada enumeração que faço numa frase – por exemplo, quando você vai falar dos itens de uma lista de mercado –, e a cada vírgula eu tivesse que parar para respirar... Eu ia acabar inflando, né? Talvez eu tenha feito muito isso e por isso minha barriga é do jeito que é. Então, pessoa, muito cuidado com isso. A vírgula não se usa assim. Obviamente, quando você está lendo um texto e tem uma vírgula, você até pode fazer uma pausa, mas é uma pausa de interpretação, de entonação, é uma pausa para compreender melhor o texto.

Vamos exemplificar melhor.

Uma vírgula pode indicar uma pausa, ou não. Mas, de modo geral, podemos pensar assim: a leitura, com pequenas pausas, ajuda na intenção e na compreensão do texto. Agora, observe as duas orações abaixo.

1. Não espere.

2. Não, espere.

O que acontece é o seguinte: quando eu uso a vírgula, posso mudar completamente a intenção do texto. No primeiro exemplo, sem vírgula, a intenção é dizer para a outra pessoa *não me esperar*. No segundo exemplo, com vírgula, o sentido é o oposto: quer dizer *não vá ainda, me espere.* A vírgula mudou totalmente o sentido da oração, mudou a intenção da frase. Ela praticamente criou uma oposição de intenções entre as frases.

Consegue perceber como isso é importante? Daqui a pouco eu vou te mostrar as principais regras do uso da vírgula, mas antes quero que você perceba como a vírgula funciona dentro do texto, certo? E lembre-se, mais uma vez: a vírgula não é para respirar!

As pausas ajudam apenas a ter uma melhor compreensão do texto. Ah, e não estamos falando de uma pausa de dez segundos. São milésimos de segundo só para você captar a intenção do texto, maravilha?

Vamos a outro exemplo em que a vírgula pode até sumir com o seu dinheiro:

1. R$ 23,40 (desloca a vírgula para a esquerda)

2. R$ 2,34 (olha aí)

Ou seja, isso aqui é matemática: deslocou a vírgula – para antes ou depois – e mudou o valor. Então, olha só, a vírgula pode sumir com o seu dinheiro também.

Mais um exemplo de como a vírgula pode mudar o sentido e a intenção de um texto.

1. Aceito, obrigado.

2. Aceito obrigado.

Na primeira frase, estou expressando gratidão pelo que você me ofereceu, ou seja, estou agradecendo. Já na segunda frase, com o uso da vírgula, estou sendo obrigado a aceitar alguma coisa, algo está sendo imposto para mim de forma mais autoritária. Percebe a diferença? No primeiro caso, há gratidão; no segundo, há uma obrigação. Viu como a vírgula muda o sentido?

Tudo isso mostra como a vírgula impacta diretamente na mudança de intenção, mudando também o sentido da oração. Isso é importantíssimo para nós.

Vamos para mais um exemplo. Olha só:

1. Isso só, ele resolve.

2. Isso só ele resolve.

Eu tirei a vírgula e criei um herói. Olha que doido! Na primeira frase, a ideia é de algo banal, que qualquer um resolve. Já na segunda frase, a intenção muda: só essa pessoa pode resolver, praticamente um herói, o único capaz. Sacaram a ideia? Tirei a vírgula, mudei a intenção.

Continuando com os exemplos, para que você entenda de uma vez por todas as intenções da vírgula. Podemos, inclusive, criar vilões com ela. Veja só:

1. Esse, juiz, é corrupto.

2. Esse juiz é corrupto.

Quando eu escrevo a primeira frase, não é o juiz que é corrupto, eu estou apontando para o juiz alguém que é corrupto. É como se eu estivesse chamando o juiz: "Juiz, esse é corrupto". Saca a ideia?

Agora, se eu tiro as vírgulas, automaticamente estou dizendo que o juiz é corrupto. Ou seja, quando o termo juiz está entre vírgulas, estou me dirigindo a ele. Já sem vírgulas, ele passa a ser o sujeito da acusação. Perceberam como muda tudo, gente? Muda toda a intenção.

Mais um caso em que fica claro que a vírgula definitivamente não é para respirar. Veja os exemplos:

1. Vamos perder, nada foi resolvido.

2. Vamos perder nada, foi resolvido.

No primeiro caso, perdemos e nada foi resolvido. Já no segundo caso, eu não perco nada, porque foi resolvido. Olha que interessante: em um momento, não tem solução; no outro, está tudo resolvido. E tudo isso com a mesma oração, apenas mudando a posição da vírgula.

Esses exemplos são muito interessantes, pois mostram como o uso correto da vírgula é essencial e como ela pode alterar completamente o sentido de um texto.

Na hora de escrever uma redação, por exemplo, a posição da vírgula pode transformar a intenção do que você quer comunicar. Muitas vezes, você pensa em expressar uma ideia, mas, ao colocar a vírgula no lugar errado, acaba transmitindo outra.

Por isso, é fundamental ter atenção e consciência ao utilizá-la. Antes mesmo de decorar as regras, o mais importante é perceber o impacto que a vírgula causa na construção do significado. Só depois disso vale a pena aprofundar o estudo das normas.

Agora, sim, posso começar a trazer as regrinhas de uso da vírgula bem de boa. Vamos com calma, com tranquilidade, para que você fique bem sossegado, beleza? Então, vamos lá! A primeira regra diz o seguinte:

1. Utilizamos vírgula para enumerar termos de uma oração. Lembram que eu já falei da lista de compras anteriormente? Veja outro exemplo:

> Ex.: Sua observação foi inconveniente, agressiva, irônica, antipática e descabida.

Quando faço essa enumeração de coisas, uso várias vírgulas para separar cada um desses itens.

2. Utilizamos vírgula para separar um aposto:

> Ex.: Fernanda Torres, atriz talentosa, ganhou o Oscar de melhor filme.

Nesse caso, **atriz talentosa** está explicando quem é Fernanda Torres – ou seja, é um aposto. Nesse exemplo, a vírgula é obrigatória, porque o aposto é um termo que explica e qualifica o termo anterior.

3. <u>Utilizamos vírgula para isolar o vocativo</u>:

Ex.: Sílvio, venha que o almoço está pronto!

Esse uso aqui muita gente confunde, e isso pode gerar um problemão.

Mas antes vamos relembrar o que é um vocativo? Vocativo é o termo que eu evoco, que eu chamo dentro da oração, certo? No nosso exemplo, seria o termo "Sílvio". E essa vírgula é obrigatória, sempre. Mas cuidado! Já vi muitas gafes em grupos de WhatsApp do trabalho. Sabe quando alguém quer convidar todo mundo para almoçar e escreve no grupo: "Vamos comer, gente!", porém sem vírgula? O que acontece? A leitura dessa frase sem vírgula permite entender que você quer comer pessoas. Sim, parece canibalismo.

Sem pensar besteiras, hein? Então, olha só: escrever "vamos comer gente" não dá, né? Se eu estou chamando todo mundo para comer, o que eu devo fazer? Evocar, chamar; logo, tem que ter vírgula antes da palavra "gente". "Vamos comer, gente." Aí você já deixa de ser canibal e passa a fazer o uso adequado da vírgula no seu texto.

– Ah, mas no WhatsApp as pessoas não vão me entender errado.

Será? Se eu estiver nesse grupo de WhatsApp, vou entender errado, sim.

Temos também músicas que precisam utilizar a vírgula para deixar o vocativo bem claro. Um bom exemplo é: "Vai, malandra!". Vai **vírgula** malandra, certo? A não ser que você esteja empurrando a malandra e diga: "Vai malandra!". Isso muda o sentido e a intenção do texto.

Beleza. Vamos para a quarta regra:

4. Utilizamos vírgula para isolar os adjuntos adverbiais ou locuções adverbiais quando estão deslocados:

Ex.: Durante o carnaval, na Bahia, eles se divertiram muito.

O que é adjunto adverbial? Adjunto adverbial é o termo da oração que estabelece relação de circunstância com o texto. Na ordem natural de uma frase, ele geralmente aparece no final. Reorganizando a frase do exemplo seria algo assim: "Eles se divertiram muito durante o carnaval na Bahia". Logo, "Durante o carnaval" é um adjunto adverbial de tempo que está deslocado para o começo, mudando a ordem natural das coisas, que seria sempre sujeito, verbo e complemento. O adjunto adverbial não é um complemento direto do verbo, mas ele compõe a parte final da oração, ajudando a trazer clareza ao texto.

Agora vem uma outra questão bem legal. Olha só:

Leoni sorria satisfeita.

Se eu invertesse a ordem, ficaria assim: Satisfeita, Leoni sorria.

O que acontece nesse caso é que a palavra "satisfeita", que é um predicativo do sujeito, ou seja, uma característica de "Leoni", foi deslocada para antes do sujeito. E aí entra a regra: quando o predicativo do sujeito aparece antes da posição natural dele, deve ser isolado por vírgula. Maravilha?

5. Utilizamos vírgula para isolar nomes de cidades em cabeçalhos.

Ex.: Curitiba, 5 de março de 2025.

Esse uso é muito fácil, pois serve para separar nomes de cidades ou até mesmo em endereços. Sempre usamos a vírgula, que vem depois do nome da cidade.

6. <u>Utilizamos vírgula para separar expressões explicativas</u>.

Ex.: O editor titubeou, ou seja, não concordou com a edição feita.

O que é expressão explicativa? Expressões como **ou seja**, **isto é** e **por exemplo** são expressões explicativas, pois servem para esclarecer uma ideia já mencionada. Assim, sempre que essas expressões aparecerem nos textos, devem estar entre vírgulas, por desempenharem essa função explicativa.

7. <u>Utilizamos vírgula para indicar a omissão de um termo repetido na oração</u>.

Ex.: Nós preferimos café, e eles, chá.

Normalmente, o termo que é omitido é um verbo. Imagine que há duas orações com o mesmo verbo. Então, para evitar a repetição desnecessária, usamos a vírgula no lugar do verbo omitido – o que chamamos de elipse.

– Ah, professor, eu sei o que é elipse. É aquele negócio do sol que fica escondido pela lua.

Não, isso é eclipse, com C. Elipse é quando a gente tira uma palavra da segunda oração porque ela já apareceu na primeira, e coloca uma vírgula no lugar, indicando que ela está subentendida, ou seja, está escondida. Nesse caso, a vírgula que aparece depois de "eles" e antes de "chá" indica que o verbo "preferem" foi omitido, porque já apareceu antes. Ou seja, a gente usa uma vírgula e faz uma elipse, beleza? Tranquilo? É muito comum que isso aconteça com verbos em períodos compostos.

8. Utilizamos vírgula antes da conjunção "e" quando estiver separando orações com sujeitos diferentes.

A vírgula é necessária antes do "e" quando há duas orações com sujeitos diferentes. Veja o exemplo:

> Ex.: Nós estudamos muito para a prova, e eles tentaram nos copiar.

Perceba que, na primeira oração, o sujeito é "nós" e, na segunda, o sujeito é "eles". Logo, esse "e" está ligando duas orações com sujeitos diferentes. Nesse caso, a vírgula antes do "e" é obrigatória.

9. Utilizamos vírgula para separar orações coordenadas assindéticas.

Vale a pena lembrar que, quando temos duas orações ligadas por vírgula, normalmente elas são coordenadas assindéticas, ou seja, sem conjunções. Nesse caso, cada oração tem sentido completo por si só, e usamos a vírgula para separá-las.

> Ex.: Sueli viajou no fim de semana, foi visitar os netos.

Aqui temos duas orações ligadas por vírgula. Tranquilo, fácil, sem nenhum segredo.

10. <u>Utilizamos vírgula para separarmos a oração subordinada adjetiva explicativa</u>.

As orações subordinadas adjetivas explicativas são aquelas que têm função de caracterizar outra oração. Elas são separadas por vírgula e normalmente utilizam pronomes relativos, como: que, o qual, cujo, onde.

> Ex.: Machado de Assis, que é o principal escritor do realismo brasileiro, será homenageado.

Lembre-se de que, nas orações subordinadas adjetivas, o que liga as duas orações é um pronome relativo – no caso, a palavra “que”, que pode ser substituída por “o qual”. Esse pronome retoma um termo anterior a ele.

11. <u>Utilizamos vírgula para separar as orações subordinadas adverbiais</u>.

As orações subordinadas adverbiais são aquelas que têm a função de expressar uma circunstância em relação à outra oração e, normalmente utilizam conjunções subordinativas entre elas.

> Ex.: Caso você queira uma vida tranquila, trabalhe muito agora e descanse depois.

Perceba que, neste caso, a oração subordinada é a primeira, iniciada pela conjunção “caso”. São orações que apresentam a ordem invertida em relação à estrutura natural, o que justifica o uso da vírgula. Elas também servem para isolar e organizar o texto.

12. Utilizamos vírgula para separar as orações intercaladas no texto.

Ex.: As aulas, disse Glaucia, foram gravadas.

Nesse caso, temos uma oração dentro da outra. Perceba que a oração “**disse Glaucia**” está inserida no meio da oração principal, que seria “**as aulas foram gravadas**”. Logo, “as aulas foram gravadas” é a oração principal, e a oração intercalada é separada por vírgula. Entendeu?

Assim, fechamos a última regra de uso da vírgula. Esse conteúdo é um pouco longo mesmo!

Após a leitura deste capítulo, você pode me dizer:

– Professor, eu achei mais legal a forma como você explicou no começo. A mudança de sentido é mais fácil do que ficar decorando regras.

Olha, pode ser, mas se você souber as duas formas, nunca mais vai errar a vírgula na sua vida! Nunca mais mesmo!

Agora, vou deixar uma listinha de situações em que você **nunca deve usar vírgula**.

1. Entre sujeito e predicado;

Ex.: Noslen, é professor de língua portuguesa. (vírgula errada)

2. Para separar verbo do complemento;

Ex.: Os alunos fizeram, a prova errada. (vírgula errada)

3. Entre oração principal e oração subordinada substantiva;

Ex.: É claro, que todos foram bem na prova. (vírgula errada)

4. Para separar oração subordinada adjetiva restritiva.

> Ex.: Os atletas, que conseguiram os índices, foram para as olimpíadas. (vírgula errada)

Aqui a oração quer deixar explícito que somente os atletas que conseguiram os índices olímpicos é que foram para as Olimpíadas. Por isso, não cabe o uso das vírgulas aqui.

Espero que você tenha entendido de uma vez por todas que não, a vírgula não é para respirar. A vírgula é um elemento de organização do texto e, mais ainda, uma forma de transmitir as intenções do autor.

Tenho certeza de que, a partir de agora, você não vai mais pagar mico no uso das vírgulas em seus textos. Até o próximo capítulo!

10.

NÃO ME LEVE A MAU OU A MAL, AFINAL, COMO SE ESCREVE?

Fala, moçada! Estou de volta, feliz e contente, para quê? Para mais um capítulo do nosso livro, e desta vez vamos falar de ortografia. Sim, ortografia! Vamos aprender a escrever corretamente!

Neste capítulo vamos falar sobre o uso do X e CH, beleza? Parece simples, mas existem regras importantes para o uso desses elementos nas palavras. Muito bem, vamos ver então.

Olha só, para a primeira regrinha do uso do X ou do CH, vou colocar algumas palavras para você aqui. São elas:

- ➔ Fai**x**a;
- ➔ Trou**x**a;
- ➔ Rou**x**inol;
- ➔ Guei**x**a.

O que nós temos de semelhante na escrita delas?

Primeiro, todas elas são escritas com X, certo? Mas por que todas levam X? Perceba que, antes do X, temos um ditongo. E o que é o ditongo mesmo? É o encontro de duas vogais na mesma sílaba, ou melhor, o encontro de uma vogal e uma semivogal. Por exemplo: na palavra "faixa", o A é uma vogal e o I é uma semivogal, um som um pouco mais fraco. Lembrando que as vogais são os sons fortes na sílaba, normalmente A, E e O, e as semivogais são os sons fracos da sílaba, geralmente I e U.

Mas lembre-se de que tudo vai depender da construção da sílaba de cada palavra. E, claro, depois do X há outra vogal. A regra diz o seguinte: em palavras em que o som do X aparece após um ditongo, escrevemos com a letra X. Todas as palavras que mencionei antes têm um ditongo e, logo após ele, aparece o som do X – por isso, escrevemos com X.

Beleza? Maravilha? Essa é a primeira regrinha que temos. Bem tranquilão, bem de boa, bem suave!

Seguimos com mais regras! Observe as seguintes palavras:

➔ En**x**oval;
➔ En**x**uto;
➔ En**x**otar.

Agora, qual é a semelhança na escrita dessas palavras? Todas elas estão escritas com X. Mas por quê? A regra aqui é a seguinte: quando uma palavra começa com EN e, em seguida, apresenta o som de X, ela será escrita com X, certo? Você pode até pensar que, se tem som de X, sempre será escrita com X, mas nem sempre é assim.

Alguém pode pensar assim: *"Mas, professor, e a palavra en**ch**ente, por exemplo? En**ch**ente é escrita com CH!"*. Verdade! Se você pensou isso, está certo. A palavra en**ch**ente é escrita com CH. Mas por que ela é escrita com CH? Aqui, precisamos lembrar qual é a palavra base que deu origem a en**ch**ente. A palavra base é: "**ch**eio". E, nesse caso, "**ch**eio" é escrito com CH. Por isso, mantemos a lógica da palavra "**ch**eio", e o CH continua em todas as derivações dessa palavra: en**ch**ente, en**ch**endo, en**ch**ido, en**ch**er.

Perceba que "**ch**eio" é um adjetivo, e a partir dele construímos o verbo "en**ch**er". Agora, todas as outras palavras que eu mencionei antes – enxoval, enxuto e enxotar – são palavras primitivas, certo? Elas não são derivadas de outras, por isso usamos X. Tudo bem?

Vamos seguir adiante! Isso parece ser fácil. E é! É muito fácil!

Observe as seguintes palavras: en**ch**arcar e **ch**iqueiro. A palavras encharcar vem de "**ch**arco", e "**ch**arco" é escrita com CH. Por isso, usamos CH na palavra "en**ch**arcar". Já c**h**iqueiro, que também é com CH, vem de chico, que é como os portugueses chamam os porcos. Então, por ser uma derivação, mantemos o CH. Tranquilão? Maravilha?

E agora quero falar de uma regrinha bem bacana, que não tem a ver com CH ou com X. Na verdade, não tem nada a ver com isso. Vamos falar do uso de "mal" com L e "mau" com U.

Olha só: "mal" com L é o contrário de "bem"; já "mau" com U é o contrário de "bom". Certo? Vou escrever uma frase aqui e você vai me ajudar a descobrir se usamos "mal" com L ou "mau" com U.

Então, vamos lá. A frase é a seguinte:

"Ontem o time jogou ___." (mal/mau)

Pessoal, é só colocarmos no espaço vazio as palavras "bem" ou "bom". Logo, "O time jogou bem" ou "O time jogou bom"? Nesse caso, só pode ser "O time jogou bem", então, é "mal" com L. Assim, "Ontem o time jogou mal".

Agora, se fosse a seguinte frase:

"Noslen é um ___ perdedor." (mal/mau)

O processo aqui é o mesmo: vou testar com as palavras "bem" ou "bom" no espaço vazio. Nesse caso, seria "Noslen é um bem perdedor" ou "Noslen é um bom perdedor"? Qual encaixa melhor? Só pode ser "bom". Então, "Noslen é um mau perdedor".

Fácil isso, né? Bem tranquilo, bem na boa. Sempre que eu posso substituir por "bem", uso "mal" com L, e quando eu posso substituir por "bom", uso "mau" com U.

Agora, olha só, vou mostrar visualmente para você como gravei essa regra. É meio estranho, mas dá certo. Veja como que eu gravei isso!

Gente, essa regrinha é bem de boa, né?

Fechamos mais uma aula, mais um capítulo bem sossegado, bem curtinho, só para você entender essas dicas que que vão facilitar sua escrita no dia a dia e fazer você aprender a escrever direitinho, sem pagar mais mico por aí! Tá vendo como aprender pode ser leve e tranquilo? Se aprendeu algo neste capítulo, já me marca nas redes (@ProfessorNoslen) para eu ver você utilizando o livro. Valeu! Até o próximo capítulo.

11.

ME DIZ "AONDE" VOCÊ VAI, OU "ONDE" VOCÊ VAI?

Fala, pessoas! Tudo certo com vocês? Vamos para mais um capítulo deste livro sensacional que vai ajudá-los a não pagar mais mico por aí em língua portuguesa. Neste capítulo, vamos falar de um assunto que muita gente tem me perguntado: o uso das palavras "onde" e "aonde". Qual é o certo e o errado? Os dois estão certos? Os dois não estão certos? Qual é o correto na frase? Onde? Aonde? Naonde? Donde? E aí? Vamos entender melhor isso.

Muito bem, pessoas, então vamos lá. Vamos conversar melhor sobre o uso de "onde" e "aonde", como funciona e como não funciona.

A primeira coisa importante de lembrar é que "onde" e "aonde" estão sempre relacionados a um lugar físico. Isso é importantíssimo. Eu só posso usar tanto "onde" como "aonde" para indicar lugares físicos. Por quê? Porque também podemos ter a ideia de um lugar que não seja físico, mas abstrato. Por exemplo, pensamento. Pensamento é um lugar abstrato, não físico, como na frase: "Estou pensando onde ela se encontra no meu pensamento". Nesse caso, como pensamento é algo abstrato, não posso usar nem onde nem aonde. O adequado seria: "Pensando em que lugar ela se encontra no meu pensamento". Tudo bem? Então, para começar, "onde" e "aonde" são usados apenas para lugares físicos.

As duas palavras são corretas e existem, só precisamos saber aplicá-las de forma correta dentro da construção do texto.

Começamos pela palavra "onde", que equivale a "em que", ou seja, "onde" é igual a "em que lugar". Tudo bem até aqui?

Então, veja este exemplo:

"O local **onde** eu trabalho é longe de casa."

Isso equivale a eu escrever:

"O local **em que** eu trabalho é longe de casa."

Então, devemos sempre lembrar que **onde** equivale a **em que**.

Outro exemplo: "No lugar **onde** moro fez calor" e "No lugar **em que** moro fez calor". Perceba que "onde" e "em que" são equivalentes, e olha que legal: se eu moro, eu moro em algum lugar. Por isso funciona usar "em que moro". Sacaram a ideia? Logo, "**em que**" equivale à palavra "**onde**", sempre assim.

Pense comigo: "**onde**" é igual a "**em que**". Muito bem. Agora, de acordo com essa relação, veja só: "o lugar **onde** moro". Agora vou trocar pela ideia de algo mais abstrato. Por exemplo,

"A sociedade **em que** vivo."

Nesse caso, a palavra "sociedade" é abstrata, não é um lugar físico, então não posso escrever assim: "A sociedade **onde** vivo", porque o "**onde**" só vale para lugar físico. Cuidado com isso aqui! "Onde" só pode ser usado para lugares físicos, então essa oração que eu apresentei antes não está correta. A forma certa seria: "A sociedade **em que** vivo". Então, começa por aí, já que "sociedade" é um substantivo abstrato, assim como "pensamento". Tranquilo, né? Fácil, de boa na lagoa, manso feito ganso, suave nessa nave, beleza na represa, susse que nem mousse, leve como a neve, legal na federal e de bem com o Enem.

Gravem esta informação, pessoal: essa ideia de lugar físico e de lugar abstrato é importantíssima.

Uma situação que sempre comento nas redes é que existem muitas letras de músicas por aí que fazem o uso da palavra "**onde**" ou "**aonde**". Vamos ver alguns exemplos para entender melhor quem usou a palavra corretamente e quem pode ter se utilizado de licença poética nas canções.

Por exemplo, tem aquela música que diz: "*Por **onde** andei enquanto você me procurava...*", do Nando Reis. Observe a letra que diz "por **onde** andei". Quem anda, anda ***em algum*** lugar, ou ***por algum*** lugar. Então, percebeu como funcionou aqui? A preposição precisa aparecer devido ao verbo "andar"; logo, precisamos colocar uma das preposições que o verbo "andar" pede: andar **em** ou andar **por**. Portanto, a canção está corretíssima. Maravilha, show de bola.

– Ah, professor, entendi. Então eu tenho que pensar sempre na ideia do verbo!

Aí está a grande questão! É exatamente isso: é o verbo que determina o uso de **onde** ou **aonde**. Quer ver?

Falando agora do uso de **aonde**, ele equivale a "***a que***", ou seja, o **"a"** do "**aonde**" é uma preposição, no final das contas. Sacaram a ideia? Então, o "**aonde**" nada mais é que o "**onde**" mais a preposição "**a**". Por isso, "aonde" equivale a "a que".

Veja este exemplo: "*O local **aonde** eu preciso ir fica no centro da cidade*", então quem vai, vai a algum lugar, logo "***a que***" ou "***ao qual***" funcionam também na oração. Perceba aqui que estou usando o "**a"** como preposição obrigatória do verbo **"ir",** porque quem vai, vai "**a**" algum lugar. Por isso, dizemos "**aonde**" eu preciso ir.

Outro exemplo de lugar, agora com o verbo chegar:

"Olha **aonde** cheguei."

Quem chega, chega "**a**" algum lugar. Logo, posso trocar o "**aonde**" por "**a que**", ou seja, "a que lugar cheguei". Entenderam essa ideia? Por isso, depende do verbo que está na oração: se o verbo exige preposição, a preposição vem junto do "**onde**" e vira "**aonde**", "**por onde"**, "**para onde"**, e assim por diante.

– Ah, professor, agora faz sentido!

Isso, lembrando sempre que a ideia do "**aonde**" e do "**onde**" vale para lugar físico; se fosse abstrato, não funcionaria. Aqui eu gosto de usar sempre o exemplo dos nossos colegas do Molejão. O Molejão fez uma música em 1998 que diz assim:

> *"Diga **aonde** você vai, que eu vou varrendo.*
> *Diga **aonde** você vai, que eu vou varrendo.*
> *Vou varrendo, vou varrendo, vou varrendo."*

O verso "Diga **aonde** você vai..." está certo? Sim, está certinho! Porque quem vai, vai "**a**" algum lugar. Logo, o Molejão também é cultura, né? Quem vai, vai "**a**" algum lugar. Quem escreveu a letra aqui usou "**aonde**" no lugar adequado, beleza? Maravilha, tranquilo e show de bola.

Eu, obviamente, separei algumas canções que utilizam essas palavras "**onde**" e "**aonde**" de uma forma diferente para analisarmos e entendermos se elas estão certas ou não.

A primeira é assim: *"E se quiser saber pra **onde** eu vou, pra **onde** tenha sol, é pra lá que eu vou"*, do Jota Quest.

Bem, vamos lá. Na frase "E se quiser saber pra **onde** eu vou", quem vai, vai "**a**" algum lugar. Eu falei isso agora, mas, nesse caso, antes do "**onde**" está a preposição "**pra**", que equivale a "**para**", que são sinônimas. É importante eu deixar claro para você que escrever "**para**" ou "**pra**" é a mesma coisa, mas uma está na norma padrão e a outra na norma não padrão. Logo, uma é contração da outra, está tudo certo. Essa preposição está aí, e quem vai, vai "**a** algum lugar" ou "**para** algum lugar".

Outro exemplo é a canção "Vamos Fugir", do Gilberto Gil (talvez você conheça mais a regravação feita pelo Skank), que diz: "Pra **onde** haja um tobogã **onde** a gente escorregue...". Talvez alguém pense assim: "*Mas pera aí, aqui não tem preposição*?". Verdade, mas olha só: qual é o verbo que está na oração? É o verbo "escorregar"; quem escorrega, escorrega "**em** algum lugar". Logo, o "**onde** a gente escorregue" está certo, porque equivale a "em que lugar eu vou escorregar", ou seja, "eu escorrego em algum lugar", então equivale ao "em que". Tudo certo também.

Pessoas, é isso! Então, se você tem um verbo que precisa de preposição, a preposição vai vir antes do "onde", certo? E se não exigir preposição, é somente o "**onde**", que equivale a "em que".

Tranquilo, né? Show de bola! Agora é só procurar um tobogã onde a gente escorregue sem cair mais nesse erro! Nunca mais esqueça a diferença entre "onde" e "aonde".

Tenho certeza de que este capítulo está sendo diferenciado para você, totalmente direcionado para que você aprenda cada vez mais o português, do nosso jeitão, com essa malemolência, beleza? Maravilha? Estamos juntos! Espero que você esteja gostando, e obviamente sei que nunca mais pagará mico por aí com esse conteúdo.

12.

A, À OU HÁ? SEI LÁ!

Fala, pessoas! Tudo certo com vocês? Estou aqui de novo para falar sobre algo muito legal: o uso de **HÁ** com H, **À** com crase e **A** sem crase.

Muita gente sempre me pergunta: "*Professor, como é que usa cada um direitinho?*". Calma! Vamos juntos entender como funciona cada um deles, de um jeito bem fácil e sem complicação.

Primeiro, existem algumas maneiras de utilizar a palavra **A**. Vou começar pelo mais básico, que é o **A** comum, sem crase, certo?

O **A** comum pode ser um artigo, aparecendo antes de um substantivo feminino. Por exemplo: **A** casa está bem arrumada. Esse **A** antes de casa é o **artigo definido feminino**. Então, ele pode vir antes de qualquer substantivo feminino. Esse **A** também pode ser um pronome oblíquo átono, usado junto a um verbo para substituir um substantivo.

– *Como assim, professor?*

Por exemplo: "Eu comprei uma caneta na papelaria" ou "Eu **a** comprei na papelaria". Nesse caso, posso substituir a expressão "uma caneta" pelo pronome oblíquo **A**. Essa letra **A** é um pronome oblíquo que substitui "uma caneta"; essa é outra função do uso da letra **A**.

Eu também poderia utilizar esse **A** comum como uma preposição, por exemplo, diante de um verbo: "**A** partir de hoje, não vou tomar refrigerante". Na expressão "**A** partir", esse **A** antes de "partir" é uma preposição – é apenas o A comum, sem crase, sem nada, porque "partir" é um verbo. E, antes de verbo, usamos **A** sem crase, funcionando como preposição. Então, "A partir de hoje, não vou tomar refrigerante". Inclusive, essa afirmação foi dita por mim há uns dez anos, e, desde então, não tomo refrigerante (verdade, sou gordinho porque gosto de comer!).

Vejam, a letra **A,** sem crase, tem essas três funções que acabei de mostrar para você: artigo definido feminino, pronome oblíquo e preposição, beleza?

Eu ainda tenho a possibilidade de usar esse **A** junto de outro **A**. Veja este exemplo: "Fui **À** feira". Nesse caso, quem vai, vai **a** algum lugar, logo, o verbo exige a preposição **a**. A palavra "feira" é um substantivo feminino e, por isso, também pede o artigo definido **a**. Assim, a frase completa seria: "Fui **a a** feira". Porém, quando isso ocorre – ou seja, quando temos preposição A + artigo definido A –, fazemos a fusão dos dois **As**, formando **À**, com crase. Então, em vez de escrever "Fui **a a** feira", escrevemos "Fui **à** feira". É exatamente isso que é a crase: a junção da preposição A com o artigo definido A. Mas se você já leu os capítulos de crase, certamente está craque nisso.

Ou seja, dessas três primeiras funções do **A** que eu mostrei para você – sendo artigo feminino, pronome oblíquo e preposição –, quando aparecem o artigo feminino e a preposição juntos, a gente faz a fusão dos dois, e aí entra a crase. Juntamos os dois **As** e indicamos essa junção com a crase. Tranquilo?

Existe ainda uma outra situação: o uso do **HÁ** com H (HÁ), que não tem nada a ver com esse **A** que mostrei até aqui. O **HÁ** com H é uma forma do verbo haver, conjugado na terceira pessoa do singular do presente do indicativo. Aproveito e te pergunto: por que esse **HÁ** leva acento agudo? Porque é um monossílabo tônico terminado em **A**, e todos os monossílabos tônicos terminados em **A** são acentuados. Esse **HÁ** pode ser usado de duas formas principais. A primeira é com o sentido de "existir". Por exemplo: "Há gritos lá fora". Nesse caso, quer dizer que "existem gritos lá fora".

Mas ele também pode ter a ideia de tempo passado. Por exemplo: "**HÁ** dias que não a vejo". Nesse caso, o **HÁ** expressa o tempo passado transcorrido, sendo o verbo haver no sentido de "fazer". Então o verbo **haver**, quando usado no sentido de **existir,** é impessoal, fica na terceira pessoa do singular e não tem sujeito. O mesmo ocorre em "**HÁ** gritos lá fora". Nesse caso, o verbo haver também tem o sentido de tempo passado transcorrido, é impessoal, fica na terceira pessoa do singular e não tem sujeito.

Existe também a possibilidade de usar o **A** como tempo futuro. Por exemplo: "Chegarei aí daqui **A** pouco". Nesse caso, "**A** pouco" é separado, e esse **A** que expressa a ideia de tempo futuro é o **A** comum.

Logo, em "Chegarei aí daqui **A** pouco", o **A** utilizado é a preposição, dando a ideia de tempo futuro.

Para resumir tudo que falamos aqui:

Artigo feminino: ***A** comum*
Pronome oblíquo: ***A** comum*
Preposição: ***A** comum*
Preposição + artigo feminino: ***À** craseado*
Tempo futuro: ***A** comum*
Tempo passado: ***HÁ** com **H***
Sentido de "existir": ***HÁ** com **H***

Com essa dica maravilhosa, você nunca mais vai esquecer e jamais voltará a errar o uso do **A**, **À** e **HÁ** que eu mostrei para vocês aqui.

Fácil, pessoas! Muito boa essa dica, uma dica rápida para você entender como funciona e um capítulo leve. Então, anota isso aí e obviamente, se você quiser ver todas as aulas relacionadas a isso, você tem o meu canal do YouTube. Maravilha! Estamos juntos! Tenho certeza de que depois deste capítulo você nunca mais vai pagar mico com esse assunto por aí. Um grande abraço!

13.

“PARA MIM” OU “PARA EU” FAZER?

Fala, moçada! Tudo certo com vocês?

Estou aqui de novo para mais um capítulo deste nosso livro lindo e sensacional! Agora, para você nunca mais pagar mico no seu dia a dia, qual é o uso correto: para **eu** ou para **mim**?

Vamos conversar um pouquinho sobre como usar o "para eu" e o "para mim". Muita gente bate cabeça com isso, mas a verdade é que esse conteúdo nem é tão complexo assim. Bem, quando pensamos nas expressões "para eu" e "para mim", é importante saber que as duas existem, porém, obviamente, têm usos diferentes. E é aí que está a grande questão: como saber quando usar uma ou outra? Vamos lá, com muita calma nessa hora.

Primeiro, o "para eu" deve ser usado quando o "eu" vier antes de um verbo, ou seja, o "eu" (que é um pronome pessoal do caso reto) funcionará como sujeito da ação. E aí, se ele for o sujeito de um verbo, não dá para usar o "mim", tem que ser "eu".

Por exemplo: "O professor pediu **para eu** fazer um trabalho". Você observa o verbo "fazer" e procura o sujeito dele. Logo, percebemos que o "eu" é o sujeito, pois quem faz algo? EU.

Veja esta outra oração: "Comprei dois livros **para eu** ler durante as férias". Vai funcionar da mesma forma: qual é o sujeito do verbo "ler"? Eu. Então, sempre que tiver um verbo, antes dele tem que ter um sujeito, e o sujeito só pode ser o "eu".

Sendo assim, já definimos que "mim" nunca pode ser sujeito, e é aí que está a grande questão. É preciso ter cuidado com isso, pois muita gente diz "para mim fazer" sem perceber, ou por não saber dessa relação entre o verbo e o sujeito.

Já o "para mim" funciona como complemento de um verbo. Por isso, normalmente aparece depois do verbo, quase sempre no final da frase.

Veja: "Ela fez uma festa para mim" – quem fez a festa? Ela. Então, o sujeito da frase é "ela". O "para mim" apenas completa o sentido do verbo "fez".

Outro exemplo: "Ela nunca ligou para mim" – novamente, quem realizou a ação de ligar? Ela. O "para mim" indica quem recebeu a ação, mas não é o sujeito.

Percebeu? Sempre que usamos "para mim", ele completa o verbo, mas o sujeito continua sendo outro – no caso, "ela".

Deu pra sacar bem a ideia?

Algo que sempre faço para entender melhor é inverter as frases – isso ajuda muito na compreensão! Então, bora lá!

Quando pensamos no uso de "eu", é importante lembrar que ele sempre funciona como sujeito. E o "para" dá a ideia de finalidade. Por exemplo: "Veja se há algum erro **para eu** corrigir".

Percebe? Quem corrige sou eu – "eu corrijo", e não "mim corrige" (até soa estranho, né?).

Por isso o pessoal costuma dizer: "**Mim** não conjuga verbo" – justamente porque "mim" nunca deve ser usado como sujeito, apenas como complemento. O erro acontece quando colocam "para mim" nesse lugar, mas lembre-se: "para mim" sempre complementa o verbo, nunca o executa!

Outro exemplo é este: "Faça silêncio para **eu** telefonar". Perceba que, nesse caso, não é "para **mim** telefonar", pois o "eu" é o sujeito do verbo telefonar, já que quem telefona sou **eu**. Então, sempre é importante perceber isso. Vamos usar o "**eu**" sempre antes do verbo; caso não seja antes, e sim depois do verbo, aí deve ser o "**mim**", lembrando que o "mim" virá acompanhado de preposição. Veja o exemplo: "Você comprou este caderno '**para mim**'". Não podemos usar "para eu" nesse caso.

Outra situação importante é perceber que, normalmente o "mim" vem no final de uma frase ou até mesmo antes de uma vírgula. Veja: "**Para mim**, você nunca foi uma pessoa legal". Observe o que eu fiz aqui: "para mim" **vírgula** "você nunca foi uma pessoa legal". Eu coloquei uma vírgula depois do "mim". O que acontece é que seria a mesma coisa se você pegasse esse "mim" e jogasse no final da oração. Por exemplo: "Você nunca foi uma pessoa legal **para mim".** Logo, você pode tirar o "mim" do final, colocá-lo no começo e isolá-lo com uma vírgula; está certo assim também.

Então, lembre-se: o "mim" vai vir normalmente em final de oração ou antes de pontuação, porque o "mim", nesse caso que eu usei aqui, é um termo deslocado. Quando há um termo deslocado, sempre usamos uma vírgula. Isso é abordado no capítulo de vírgula, que você já viu por aqui.

Em resumo, perceba que o "mim" sempre vem após o verbo, funcionando como complemento. Por isso, ele costuma aparecer no final de oração, enquanto o "eu" vem antes do verbo, porque o "eu" é o sujeito do verbo, e o "mim" é o complemento do verbo, vindo sempre depois dele.

Assim sendo, o "para eu" e o "para mim" existem, mas o "eu" é sujeito, e o "mim" é complemento. Aí fica fácil.

Para finalizar, deixo duas frases bem ilustrativas:

O professor pediu **para eu** <u>fazer</u> o trabalho.

O professor pediu o <u>trabalho</u> **para mim**.

Se você gravar essas duas frases, nunca mais vai errar no uso do "para eu" e "para mim". Maravilha? Tranquilo? Show de bola? Se quiser lembrar de mais detalhes sobre isso, vá ao capítulo de pronomes, pois é lá que eu falo sobre o uso do pronome pessoal do caso reto e do caso oblíquo.

Pessoa, não esqueça: para aprofundar tudo isso que estamos falando aqui, para deixar ainda mais simples, mais relax, mais de boa na lagoa, mais leve como a neve, mais de bem com o Enem, você também tem o quê? Meu canal no YouTube e todas as minhas redes sociais.

Estamos juntos em todos os lugares do planeta Terra Brasil, certo? Conto com vocês, espero que estejam gostando e tenho certeza de que, depois deste capítulo, você nunca mais vai pagar mico com o mau uso da língua portuguesa.

14.

PRONOMES EM PROL DOS NOMES!

Fala, moçada!

Estamos aqui de novo para mais um capítulo do nosso livro lindo: *Português para não pagar mico*.

Olha só, aproveitando que o nosso livro está incrível – e eu sei que você está gostando –, quero aproveitar para te agradecer por estar lendo a minha obra.

Chegou a hora de falarmos sobre os pronomes, palavras bem bacanas que usamos com frequência e que, às vezes, causam certa dificuldade no uso. Mas prometo que, após este capítulo, você vai entender como os pronomes funcionam, bem de boa.

Vamos começar pelo conceito básico de pronome. A palavra "pronome" vem de "pro", que significa "em função", e de "nome", que se refere ao substantivo. Ou seja, pronome é a palavra que está em função do substantivo.

O que o pronome pode fazer pelo substantivo? Ele pode substituí-lo, retomá-lo, indicar posse, indefini-lo ou simplesmente se referir a ele. Então, a função do pronome é estar diretamente ligado ao substantivo, desempenhando essas funções dentro de uma oração ou de um texto. Maravilha? Tranquilo.

Neste capítulo, vou tratar especificamente de dois pronomes, os pronomes pessoais e os pronomes de tratamento, pois são os que mais utilizamos no cotidiano.

Muito bem! Primeiro, vamos conversar sobre os pronomes pessoais. Mas, afinal, o que é um pronome pessoal?

Existem dois tipos de pronomes pessoais: o pronome pessoal do caso reto e o pronome pessoal do caso oblíquo, certo?

Vamos começar pelo pronome pessoal do caso reto, que é aquele que exerce a função de sujeito, pois substitui diretamente um substantivo, e, normalmente, esse substantivo faz parte do sujeito. Só para lembrar: o sujeito é o termo que pode realizar ou sofrer a ação de um verbo na oração. Veja esse exemplo: "João foi até a padaria comprar 25 pães. **Ele** voltou com apenas 10".

Qual seria o sujeito aqui? Vamos pensar juntos? Quem foi à padaria? João, beleza? Então, "João" é o sujeito da primeira oração. Na segunda oração está escrito: **Ele** voltou com apenas 10. Perceba que "Ele" substitui diretamente a palavra "João" da primeira oração. Portanto, "ele" é o pronome pessoal do caso reto, funcionando como sujeito da segunda oração. Sacaram a ideia? Muito bem. Além disso, o pronome pessoal do caso reto também serve para determinar as pessoas do discurso, ou seja, as pessoas verbais.

Vamos lembrar quais são elas: eu, tu, ele/ela, nós, vós, eles/elas. Esses são os pronomes pessoais do caso reto, tanto no singular quanto no plural. Muito bem! Mas por que todos esses pronomes são classificados como pronomes pessoais do caso reto? Porque podem ser sujeitos de uma oração, substituir diretamente um substantivo e ainda determinar as pessoas verbais do discurso. Fácil.

O uso desses pronomes é bem tranquilo e está sempre atrelado ao verbo. Muito bem! Maravilha!

Já os pronomes pessoais do caso oblíquo são aqueles que têm a função de complemento de um verbo. Lembrando que complemento de verbo também é chamado de objeto, que pode ser objeto direto, sem preposição, ou o objeto indireto, que se inicia com preposição. Esses pronomes não podem ser sujeitos, certo? Agora, vamos ver quais são os pronomes pessoais do caso oblíquo.

Átonos:

Pessoa	Singular	Plural
1ª	me	nos
2ª	te	vos
3ª	o, a, lhe, se	os, as, lhes, se

Tônicos:

Pessoa	Singular	Plural
1ª	mim, comigo	conosco
2ª	ti, contigo	convosco
3ª	si, consigo	si, consigo

Esses são os pronomes pessoais do caso oblíquo, certo? E como eles serão utilizados na oração? Vamos pensar assim: "Noslen foi à livraria e comprou cinco canetas". Aí eu posso substituir a palavra "canetas" por outro elemento. Quer ver?

Exemplo: Noslen precisava de canetas, ele foi à livraria e comprou-**as** por um bom preço.

Esse "as" é o pronome oblíquo, que está substituindo a palavra "canetas". Veja que a palavra "canetas" é o objeto do verbo na primeira oração e, na segunda oração, quando é substituída por "as", ela continua sendo objeto do verbo. Então, essa é a função do pronome oblíquo: substituir um substantivo e manter a função sintática desse substantivo, que, no caso, seria de objeto. Nesse sentido, ele vai estar sempre complementando o sentido do verbo.

Sacaram a ideia? Fácil, né? Muito tranquilo.

Agora, cuidado! As pessoas podem fazer associações erradas em relação ao uso do pronome oblíquo e do pronome reto. Isso acontece quando, por exemplo, temos a seguinte frase: "Tudo está bem entre eu e ele", ou seria "entre mim e ele"?

Qual é a opção correta? O correto nesse caso seria: "Tudo está certo entre mim e ele". Sempre que eu tenho o uso de uma preposição e dois pronomes depois, eu preciso usar um pronome oblíquo primeiro, por exemplo, "entre mim e ele". Eu não posso utilizar "entre eu e ele", ou seja, não posso usar dois pronomes retos nessa circunstância. Deve ser um oblíquo e depois um outro pronome qualquer. Pode até ser dois oblíquos, que não teremos problema; por exemplo: "entre mim e ti".

Outras formações possíveis seriam: para mim e você, contra mim e ti, sobre mim e ele, por mim e você. Sacaram a ideia? Isso funciona assim para os pronomes em geral, quando estão acompanhados de um pronome oblíquo, depois de preposições.

Seria essa a ideia. Então, sempre depois de uma preposição, devo usar um pronome oblíquo. Não posso usar dois pronomes retos ou um reto e um outro tipo de pronome qualquer. Então, cuidado com essa relação.

Vou colocar uma tabelinha aqui para ajudar vocês.

PREPOSIÇÕES	CORRETO	INCORRETO
entre	entre mim e ele entre ele e mim entre mim e ti	entre eu e ele entre ele e eu entre eu e tu
sem	sem você e mim sem elas e ti	sem você e eu sem elas e tu
perante	perante mim e vós	perante eu e vós
sobre	sobre mim e V.Sª	sobre eu e V.Sª
de	de alguns e mim	de alguns e eu

Tudo tranquilo? Muito bem!

Além disso, agora vamos falar sobre os pronomes de tratamento. Pronome de tratamento é muito fácil de entender. São eles: senhor, senhora, vossa senhoria, vossa excelência, dentre outros.

Um dos pronomes de tratamento mais comuns do nosso dia a dia é o pronome você. Quando usamos a palavra "você"? "Você" é um pronome de tratamento. Apesar de muita gente achar que "você" não é um pronome de tratamento, ele é, sim. É um pronome de tratamento usado no cotidiano.

Vossa Alteza é usado para príncipes e princesas, duques e duquesas. Vossa Eminência é utilizado para cardeais. Vossa Excelência é usado para altas autoridades. Vossa Magnificência é utilizado na faculdade, para se referir ao reitor. Temos também Vossa Majestade, para reis e imperadores. Vossa Meritíssima é utilizado para juízes de direito. Vossa Reverendíssima é usado para sacerdotes em geral. Você não precisa tratar o padre da sua paróquia assim, mas saiba que existe esse pronome, e, em algumas situações, os padres podem preferir que você não use, para que fiquem mais à vontade.

Vossa Senhoria é utilizado para altas autoridades também. Vossa Santidade é exclusivo para o papa, e, no momento da escrita desse livro, é o papa Leão XIV.

Gente, isso aqui é mais para o conhecimento de vocês, para que saibam que esses pronomes existem. E, caso tenham que escrever uma carta para alguém de modo mais formal, vocês podem utilizar o pronome de tratamento adequado.

Gostaram de mais um capítulo bem objetivo, trazendo as principais dificuldades que as pessoas têm com a língua de forma leve e acessível? A partir de agora, tenho certeza de que você não vai mais pagar mico na internet com o uso da língua portuguesa.

15. A AMBIGUIDADE DA POSSE E A POSSE DO DEMONSTRATIVO

Tenho certeza de que você está vivendo uma experiência incrível com este livro – e a culpa é toda sua, por seguir firme, lendo e aprendendo nessas páginas que escrevi com tanto carinho! Fico muito feliz em saber que você está compreendendo cada vez mais a nossa amada língua portuguesa. Siga em frente, você está no caminho certo!

Vamos lá! Bora continuar falando dos nossos queridos amigos pronomes. No capítulo anterior, falamos sobre os pronomes de tratamento e os pronomes pessoais do caso reto e do caso oblíquo, beleza? Agora, vamos falar sobre o pronome possessivo e o pronome demonstrativo.

Comecemos pelo pronome possessivo. Ele expressa a ideia de posse, ou seja, algo que pertence a alguém, beleza? Os pronomes possessivos são:

NÚMERO	PESSOA	PRONOMES POSSESSIVOS
SINGULAR	1ª	meu, minha, meus, minhas
	2ª	teu, tua, teus, tuas
	3ª	seu, sua, seus, suas
PLURAL	1ª	nosso, nossa, nossos, nossas
	2ª	vosso, vossa, vossos, vossas
	3ª	seu, sua, seus, suas

Mas o que realmente me interessa aqui? É o uso desses pronomes. Então, muito bem, como é que nós os usamos?

Normalmente, o pronome possessivo vem atrelado a um substantivo ou a algum outro tipo de pronome, certo? Por exemplo, primeira pessoa: "Meu jaleco está limpinho". Pronto! A palavra "meu" é um pronome de primeira pessoa. Fácil, né? Agora, onde as pessoas mais se confundem no uso do pronome possessivo é com "teu/tua" e "seu/sua". Então, quando é que se usa "teu", com "T", e quando se usa "sua", com "S"?

Vamos lá! É só pensar o seguinte: "teu" e "tua" equivalem à segunda pessoa do singular; então, se a segunda pessoa é "tu", sempre que você utilizar a segunda pessoa, deve usar "teu" ou "tua", dependendo do gênero do substantivo a que o pronome estiver se referindo.

Já os pronomes "seu" e "sua" equivalem à terceira pessoa. Então, se eu estou conversando com alguém e me refiro a "ele" ou "ela", devo usar "seu" e "sua". É muito fácil isso, certo? Talvez você esteja pensando assim: "*Professor, me dê um exemplo de uso do 'teu' e do 'tua'*? Maravilha! Um exemplo bem simples seria esta oração: "Tu foste ver teu amigo?". Sabe qual é a ideia aqui? Que alguém foi ver um amigo, e o pronome "teu" está de acordo com o uso de "tu". Agora, é importante tomar cuidado apenas com uma coisa: muitas vezes, o uso de "SEU" pode criar uma ambiguidade, se houver dois referenciais. Vale lembrar que o pronome pessoal "tu" equivale à 2ª pessoa do singular, enquanto o pronome de tratamento "você" é conjugado na 3ª pessoa do singular. Tem gente que acha que os dois pertencem à 2ª pessoa, mas isso não é verdade.

Como assim?

Veja o exemplo: "Júlia pediu ao Jorge que pegasse o **seu** celular dentro de casa". Beleza, o que aconteceu aqui? O celular é de quem, afinal, da Júlia ou do Jorge?

Percebe que o uso de "seu" criou uma ambiguidade? É justamente esse tipo de situação que exige cuidado. O mais adequado nesse caso é reescrever a oração para deixar claro se o celular é do Jorge ou da Júlia. Então, se o celular for do Jorge, podemos dizer: "Júlia pediu ao Jorge que pegasse o celular **dele** dentro de casa". Assim seria mais adequado. Ao substituir "seu" por "dele", deixamos claro de quem é o celular. Da mesma forma, poderíamos ajustar a frase caso o celular fosse da Júlia.

Então, cuidado com o uso de "seu", para não criar essa ambiguidade. Fora isso, gente, o uso dos pronomes possessivos é muito tranquilo, bem sossegado mesmo.

Outro tipo de pronome que é muito legal, e sobre o qual eu vou demorar um pouquinho mais para falar, são os pronomes demonstrativos. São eles:

VARIÁVEIS					INVARIÁVEIS
Pessoas	Masculino		Feminino		
	Singular	Plural	Singular	Plural	
1ª	este	estes	esta	estas	isto
2ª	esse	esses	essa	essas	isso
3ª	aquele	aqueles	aquela	aquelas	aquilo

Muito bem, pessoal, mostrei na tabela que quase todos esses pronomes demonstrativos têm plural, exceto "isto", "isso" e "aquilo". Mas por que não têm? Perceba que é impossível falar "istos", "issos" ou "aquilos". Por exemplo: "Eu vi **aquilos** lá". Não faz sentido, né? Ou ainda: "Eu vi **istos** aqui". Isso não existe. Portanto, "isto", "isso" e "aquilo" são pronomes que não têm plural, a não ser em situações mais literárias, como em um poema ou em uma linguagem figurada.

Agora vamos conversar sobre os pronomes "este", "esta", ou "esse", "essa", "aquele", "aquela" e seus plurais. Tranquilo até aqui? Muito bem. Isso aqui é bem interessante. Os pronomes demonstrativos têm vários usos. Primeiro, muitas pessoas ficam em dúvida sobre quando usar "este" ou "esse", que correspondem à primeira e à segunda pessoa, e tem também o "aquele", que tem um uso bem mais fácil.

Então, vamos lá. Existem três maneiras de usarmos esses pronomes. A primeira é com relação ao tempo, ou seja, uma relação temporal. Por exemplo, se eu quero falar no tempo presente, eu utilizo sempre "este", com a letra "T". Então, imagine que você está assistindo a um jogo de futebol agora. Eu devo falar assim: "**Este** jogo está difícil de assistir". Perceba que eu usei a palavra "este", porque é tempo presente, "este jogo". Sempre que eu vou usar a relação de tempo presente, utilizo "este", certo? Então, posso dizer "**esta** aula" ou "este dia está maravilhoso".

Muito bem, já os pronomes "esse" e "essa" são usados para expressar tempo passado ou futuro próximos. Usamos "esse" e "essa" para indicar o passado próximo da seguinte maneira: imagine que o seu aniversário tenha sido na semana passada. Você falaria assim: "**Nessa** semana que passou, eu fiz mais um ano de vida". Percebeu que utilizei "essa semana", ou seja, passado próximo? Tranquilo.

Agora, se fosse para o tempo futuro próximo, seria parecido, mas com a determinação de futuro. Por exemplo: "**Essa** próxima semana será decisiva para mim". Percebeu que deixei claro na frase que a ação ocorrerá em um futuro próximo?

E o "aquele"? O "aquele" é usado para expressar o tempo passado ou futuro distantes. Por exemplo, se eu digo: "**Naquela** época, meu pai tinha quinze anos", estou me referindo a algo que aconteceu há muito tempo. Perceba que utilizei a expressão "naquela época", em que "naquela" é a fusão de "em" com "aquela". Usei o "aquela" para me referir a um passado distante; podia ser para o futuro também, como no exemplo: "**Aquela** viagem de bodas que faremos em dez anos será caríssima". Nesse caso, estou usando para um futuro distante.

Então, acompanhe meu raciocínio: para passado próximo e/ou futuro próximo, usa-se "essa", "esse" ou "isso"; e para passado e futuro distantes, utilizamos "aquele", "aquela" e "aquilo". Tranquilo. Essa é a primeira forma de utilizar os pronomes demonstrativos, que é com relação ao tempo.

Muito bem, agora, eu tenho outra relação para os pronomes demonstrativos, que é a relação de posicionamento espacial, ou seja, a posição de um objeto em relação a quem fala e a quem se fala. Isso é muito legal.

Por exemplo, imagine que eu estou conversando com você e estou com uma caneta na mão. Beleza? Olha só, quando eu tenho um objeto nas mãos e estou usando-o como referência, eu também tenho maneiras de utilizar os pronomes demonstrativos. Se o objeto está na minha mão, ou seja, na mão de quem fala, em posse de quem fala, eu uso o pronome "esta". Então, eu falaria assim: "**Esta** caneta é minha".

Agora, digamos que a caneta esteja nas mãos da pessoa com quem eu estou falando, que, no caso, seria você, meu caro leitor. E aí, como eu poderia falar isso? Pegue uma caneta aí, vou te explicar. Pegou? Então, digamos que você está com a caneta nas mãos e me pergunta assim: "**Esta** caneta é sua?". Veja, você pergunta "esta", porque a caneta está em suas mãos. Eu, então, respondo para você, meu interlocutor, que está com o objeto nas mãos: "**Essa** caneta é minha, sim!". Então, quando o objeto está na posse da pessoa com quem eu falo, eu uso "essa". Entendeu a ideia?

Recapitulando: uso "**esta** caneta" quando o objeto estiver em minha posse e usarei "**essa** caneta" quando o objeto estiver na sua posse. Maravilha!

Agora, quando o objeto não estiver nem na minha posse, nem na sua, digamos que a caneta esteja em cima de uma mesa ou em algum outro lugar, eu falo como? Assim: "**Aquela** caneta é sua". Ou ainda: "**Aquela** caneta é minha".

Entendeu a ideia? Resumindo toda essa associação com os pronomes demonstrativos em relação à posição do objeto: em minha mão, **esta**; na mão da pessoa com quem eu falo, **essa;** e não estando nem na minha mão nem na sua, **aquela**. Entendido!?

Outro uso dos pronomes demonstrativos ocorre dentro da frase. Aqui, vou precisar muito da sua percepção sobre a estrutura das frases. Então, vamos lá: como funcionam os pronomes demonstrativos dentro da frase?

A primeira situação ocorre quando há um termo que ainda não foi mencionado no texto. Nesse caso, eu o utilizo após o pronome demonstrativo, da seguinte forma: "**Esta** vida está cada vez mais divertida". Perceba: não há nenhum contexto anterior, e a palavra "vida" aparece logo após o pronome demonstrativo, por isso uso "esta". É como se o pronome "esta" apresentasse a palavra que vem a seguir, que é "vida". Como o substantivo "vida" está sendo mencionado pela primeira vez na frase, eu o apresento para o meu contexto. Tranquilo? Fácil!

Agora, se eu já tivesse citado a palavra "vida" antes no meu texto, eu usaria o pronome "essa" para retomar o substantivo já apresentado. Veja o exemplo: "A <u>vida</u> que me deram é maravilhosa, **essa** não desperdiçarei jamais". Perceba que a palavra "vida" já foi citada anteriormente. Ao retomá-la, utilizo o pronome "essa". Sacou?

Resumindo o que foi dito até agora: utilizo "esta" para <u>apresentar</u> o substantivo "vida" e "essa" para <u>retomar</u> o substantivo "vida" que já tinha aparecido no texto, certo? Portanto, uso "esta" quando não citei o substantivo da minha oração e "essa" para retomar o substantivo que já apresentei.

Talvez você esteja pensando: *Professor, e como funciona o uso do pronome "aquele"?* O uso do pronome "aquele" é muito simples. Dentro da estrutura da frase, só consigo utilizá-lo quando há mais de um substantivo a ser retomado.

Veja a seguinte frase: "Éder e Noslen são muito amigos. **Este** é professor de português e **aquele** é professor de matemática". Se estivéssemos em sala de aula agora, eu te perguntaria: quem é o professor de matemática e quem é o professor de português? (Neste momento, finja que você não me conhece.) Eu te explico, o professor de matemática é o Éder, e o professor de português é o Noslen.

– Como assim, professor? Você está querendo me dizer que o "este" está retomando um termo anterior, mas acabou de dizer que "este" serve para apresentar um substantivo novo na oração?!

Exato! O pronome "este" apresenta um substantivo novo na oração quando há apenas um substantivo na frase. Porém, quando estiver em relação com dois substantivos, o "este" retoma o substantivo mais próximo dele. Já o pronome "aquele", nessa situação, retoma o substantivo mais distante. Ou seja, sempre que eu for me referir ao mais próximo, uso "este"; para o mais distante eu uso "aquele". Isso vale somente quando houver dois elementos sendo retomados. Vou deixar bem simplificado a seguir:

"Christian e Bruno são muito amigos. **Este** é gerente, e **aquele** é vendedor". Então você entendeu, né, Christian é o vendedor e Bruno é o gerente.

Muito simples, muito fácil, muito tranquilo? Sensacional! Vocês estão manjando muito de língua portuguesa. Show de bola!

Pessoas, é muito fácil! É tão fácil que já acabou mais um capítulo. Ficou com alguma dúvida? Ah, já sabe o que fazer, né? Volta e lê de novo este capítulo e, se quiser complementar, tem vídeo disso no meu canal do YouTube. Você pode ler o livro e acompanhar a aula em vídeo ao mesmo tempo. E depois manda comentários lá nos vídeos ou nas minhas redes sociais me contando o que achou do livro. Cada vez que eu leio comentários de vocês, fico emocionado. Eu penso: *"Caramba, os caras estão entendendo português e sou eu quem está ajudando".*

Assim, finalizamos mais um capítulo, e tenho certeza de que a partir dele você não pagará mais nenhum mico em língua portuguesa, seja na internet ou no dia a dia. Vamos que vamos!

16.

GENERALIZANDO E INDIVIDUALIZANDO

Neste capítulo, vamos finalizar a parte de pronomes, que é muito importante dominarmos para evitar problemas de comunicação. Mas não se esqueça de que o uso de pronomes é muito simples.

Já vimos os capítulos anteriores, que trataram de vários pronomes, e agora iremos abordar os últimos tipos de pronomes. E os primeiros sobre os quais quero falar com vocês são os pronomes indefinidos. *"Ai, professor, por que são indefinidos? Eles não se definem?"* Mais ou menos por aí. O pronome indefinido é aquele que não se refere a nada, nem a ninguém, especificamente.

A posição do pronome indefinido em relação ao substantivo pode mudar completamente o sentido e a intenção da frase.

Olha só este exemplo:

Alguma pessoa está disposta a me dar a mão?

Pessoa **alguma** está disposta a me dar a mão.

Percebeu? No primeiro caso, há uma possibilidade – alguém pode ajudar. No segundo, a ideia é negativa: ninguém quer ajudar.

Ou seja, a posição do pronome – antes ou depois do substantivo – altera o sentido da oração.

Legal, né? Mais um detalhe da nossa língua que faz toda a diferença

Sacaram que, quando eu inverto a posição da expressão "pessoa alguma", estou dizendo que nenhuma pessoa pode me ajudar? Eu mudei o sentido da oração apenas alterando o posicionamento do pronome indefinido.

Isso é sensacional! Essa é a parte que vale mais a pena estudar e entender sobre o uso do pronome indefinido. Por quê? Porque quando eu trabalho isso lá nas questões de interpretação de texto, é exatamente essa relação que vai aparecer. O Enem e os vestibulares trabalham com isso, mudando o posicionamento do pronome na questão e perguntando se o sentido se mantém ou não. Em um texto, eles usam essas inversões para trabalhar a interpretação, que pode mudar de acordo com a posição dos pronomes.

O posicionamento do pronome indefinido em relação ao substantivo a que se refere muda a leitura e as intenções do texto. Por exemplo: "Alguma pessoa está disposta a me dar a mão?". Ou, se eu disser: "Pessoa alguma está disposta a me dar a mão?".

Perceba que há uma relação negativa, ou seja, a posição do pronome indefinido, antes ou depois do substantivo, muda o sentido que ele traz para a oração. Isso é muito legal.

– Professor, o que mais que eu preciso saber sobre os usos do pronome indefinido?

Veja a tabela a seguir.

➔ **Variável:** flexiona-se em gênero e número.

Algum(ns), alguma(s)
Nenhum(ns), nenhuma(s)
Todo(s), toda(s)
Outro(s), outra(s)
Muito(s), muita(s)
Pouco(s), pouca(s)
Certo(s), certa(s)

Vário(s), vária(s)
Tanto(s), tanta(s)
Quanto(s), quanta(s)
**Qualquer, quaisquer*

*"Qualquer" é a única palavra da língua portuguesa cujo plural é formado internamente, na sílaba "qual", que se modifica para "quais", formando, por consequência, "quaisquer", sabia?

➔ **Invariável:** sem flexão.

Alguém
Ninguém
Tudo
Outrem
Nada
Cada
Algo
Tudo
Nada
Quem

Outra palavra interessante é "ambos". Muita gente diz: "ambos os dois". Pessoas, "ambos" já equivale a dois. Então, eu falo assim: "Ambos fazem falta aqui na nossa casa". Não precisa dizer "ambos os dois". Agora, se forem mais de dois, não posso utilizar a palavra "ambos", pois ela se refere a dois elementos, e jamais a três ou mais.

Muito bem, esses são os pronomes indefinidos. Agora, vamos aos pronomes interrogativos. "Ah, interrogativo é muito fácil, né?". Pronome interrogativo é aquele pronome que introduz uma interrogação, uma pergunta. Certo?

Qual é o seu nome? **Quando** você virá aqui em casa? **Quem** é você? Todos os pronomes usados para fazer perguntas são chamados de pronomes interrogativos. Simples assim.

Muito bem, e agora eu entro no pronome com o qual a gente vai gastar um pouquinho mais de tempo e que é muito mais recorrente nos textos, no nosso dia a dia, nos vestibulares e no Enem: o pronome relativo. Maravilha?

O que é um pronome relativo? O pronome relativo é aquele que retoma um termo anterior a ele, geralmente um substantivo, que está anterior a ele na oração.

– Professor, quais são os pronomes relativos?

Veja a tabela a seguir:

<table>
<tr><th>VARIÁVEIS</th><th>INVARIÁVEIS</th></tr>
<tr><td>o qual, a qual, os quais, as quais</td><td rowspan="3">que
quem
onde
como
quando</td></tr>
<tr><td>cujo, cuja, cujos, cujas</td></tr>
<tr><td>quanto, quanta, quantos, quantas</td></tr>
</table>

Esses são os pronomes relativos. Muito bem! Mas como eu faço uso disso?

Primeiro, muito cuidado com o uso dos pronomes "cujo" e "cuja". Eles só podem ser utilizados quando há uma relação de posse. Se não houver essa relação, não posso usar "cujo" ou "cuja". Veja este exemplo: "Tenho vários amigos **cujas** idades vão de 16 a 18 anos". Por que, nesse caso, usei "cujas"? Porque a palavra "idades" tem uma relação de posse com os amigos, ou seja, eles são os "donos" dessa informação. Entendeu?

Outra situação importante é que não se pode colocar o artigo "as" depois de "cujas". Ou seja, "cujas as" está errado. Por quê? Porque o artigo "as" já está embutido no pronome "cujas", que é a junção de "cujo" + "as" = "cujas", então, o correto é apenas: "cujas idades". Nunca se pode colocar nenhum artigo depois de "cujas" ou de "cujo", beleza? É sempre: "cujo" + substantivo, sem artigo no meio. Maravilha? Fácil? Tranquilão?

Muito bem, e os pronomes relativos **que**, **quem**, **o qual** e **a qual**? Vamos colocar uma frase aqui: "São pessoas _____ simpatizo".

Eu posso usar o "que" ou o "quem", porque se refere a pessoas. Caso se referisse a coisas, aí só poderia usar o "que". Então, são pessoas "quem" simpatizo? Não. O que temos que fazer aqui, gente, é tomar cuidado com uma coisa. Quando temos um pronome relativo, precisamos olhar para o verbo que vem junto a esse pronome. Então, olha lá: simpatizo é verbo, então quem simpatiza, simpatiza **com** alguém. Essa preposição "com" vai estar junto do pronome relativo. Seria assim: são pessoas "com quem simpatizo" ou "com que simpatizo". Sacaram a ideia? Veja que o "que" e o "quem" retomam a palavra "pessoas".

– Professor, mas como é que eu vou ter certeza de que o "que" é um pronome relativo? Para saber, o mais legal é você fazer o seguinte: troca por "o qual" (ou "a qual", "as quais", sempre concordando com o sujeito). Por exemplo:

São pessoas **com as quais** simpatizo.

Se mantiver o sentido adequado ao trocar por "o qual" ou "a qual", esse "que" é um pronome relativo – lembrando sempre que a palavra "que" pode ter várias funções. Ela pode ser um pronome interrogativo, pode ser uma conjunção e, nesse caso, é um pronome relativo, porque pode ser substituída diretamente por "o qual" ou "a qual". Sacaram essa ideia? Muito fácil, né? Muito tranquilo.

Vamos colocar mais algumas frases aqui? Então, vamos lá. Por exemplo:

"O diretor recebeu os alunos _______ manteve longa conversa."

Quem mantém longa conversa, mantém longa conversa **com** alguém, beleza? Se é com alguém, esse "com" tem que estar junto do pronome relativo. Então: "O diretor recebeu os alunos **com quem** manteve longa conversa". Entendeu? Vamos a mais um exemplo:

"O jornal _______ me refiro foi vendido."

Muito bem! Quem se refere, se refere **a** alguém**.** Como ficaria? "O jornal **a que** me refiro foi vendido." Muito fácil, né? Veja como o pronome relativo é muito recorrente. Esse pronome é muito importante para nós, porque, na produção de texto, você o utiliza com muita frequência.

Gostaram deste capítulo? Procurei tornar o uso dos pronomes o mais acessível possível, já que eles são essenciais para a construção dos textos e facilitam a nossa comunicação. Quanto mais dominamos a nossa língua, mais nos comunicamos melhor, e quanto melhor nos comunicamos, maiores são as possibilidades de ascensão social. Vamos que vamos! Que possamos aprender cada vez mais para nunca mais pagarmos mico na internet com a língua portuguesa.

17.

POUCA REGRA E MUITA AÇÃO

Este capítulo é sobre verbos, essa classe de palavras tão importante para a nossa comunicação e para a nossa língua. Isso porque o português é uma língua extremamente verbal: a base da comunicação é o verbo, já que ele é o responsável por expressar ações, estados ou fenômenos da natureza.

Muito bem! Dentro dessa lógica dos verbos, há muitos detalhezinhos, muitas coisas que precisamos entender sobre o uso deles. Neste capítulo, focaremos em algumas estruturas dos verbos e como interferem na comunicação.

Nós temos dois tipos de verbos. Os chamados verbos regulares e os verbos irregulares. Qual é a diferença entre eles? Verbo regular é aquele cujo radical não se altera quando o conjugamos, certo?

Aqui vale lembrar o que é radical. Radical é a parte da palavra responsável por estabelecer a sua raiz, ou seja, a família dessa palavra. Por exemplo, o verbo "cantar". Qual é o radical do verbo cantar? O radical é CANT. Muito bem! Por quê? Porque, quando conjugamos o verbo "cantar", todas as formas derivadas dele – em todos os tempos verbais – mantêm o mesmo radical. E, por isso, ele é considerado um verbo regular. Veja o exemplo:

Presente do Indicativo

Eu **cant**o
Tu **cant**as
Ele **cant**a
Nós **cant**amos
Vós **cant**ais
Eles **cant**am

Futuro do Presente do Indicativo

Eu **cant**arei
Tu **cant**arás
Ele **cant**ará
Nós **cant**aremos
Vós **cant**areis
Eles **cant**arão

Já o verbo irregular, diferentemente do verbo regular, vai ter uma alteração no seu radical quando é conjugado. Quer ver? Vamos pegar o verbo "haver". Veja o exemplo:

Presente do Indicativo

Eu hei
Tu hás
Ele há
Nós havemos
Vós haveis
Eles hão

Pretérito Mais-Que-Perfeito do Indicativo

Eu **houv**era
Tu **houv**eras
Ele **houv**era
Nós **houv**éramos
Vós **houv**éreis
Eles **houv**eram

Quando conjugo um verbo irregular, ele altera o seu radical. Veja o verbo "haver", que é um verbo irregular: o radical, inicialmente, seria **HAV**. Mas, ao conjugá-lo no presente do indicativo, ele se altera completamente em todas as pessoas do discurso. Talvez você tenha pensado: *"Como assim, professor? Só o H que não mudou?"*. Exatamente! Por isso o verbo "haver" é considerado um verbo irregular.

"Ah, professor, então o radical é só o H?" Não! Eu já mostrei para vocês que o radical é "hav", pois ele tem relação direta com a origem da palavra. Sendo assim, o verbo haver é irregular, e o verbo cantar é regular. Maravilha?

E não se esqueça: o verbo "haver" é com H no começo. *"Ah, professor, como no caso 'não tem nada haver*?'" Não, pessoas! A expressão correta é "*não tem nada a ver*", com "a ver" separado. Então, não confunda! Aqui estamos falando de "haver", que é um verbo e pode ter o sentido de existir, certo?

Muito bem! Partindo disso, o que nós temos, então? Temos alguns pontos voltados aos tempos verbais, beleza? Quais são os tempos verbais que você conhece? Presente, passado e futuro, beleza? Lembrando que o passado também pode ser chamado de pretérito, pois são palavras sinônimas, que têm o mesmo sentido.

Além disso, temos três modos: o indicativo, o subjuntivo e o imperativo.

O que é o modo indicativo? O modo indicativo é utilizado para expressar a certeza de acontecimentos. Sempre que eu disser que estou usando um tempo verbal no modo indicativo, isso significa que tenho certeza da ação. Dentro do modo indicativo, existem alguns tempos verbais, que são: Presente do Indicativo, Pretérito Perfeito do Indicativo, Pretérito Imperfeito do Indicativo, Pretérito Mais-Que-Perfeito do Indicativo, Futuro do Presente do Indicativo e Futuro do Pretérito do Indicativo. Tranquilo isso?

Beleza, e o que seria o modo subjuntivo? Se o modo indicativo é uma certeza de acontecimentos, o subjuntivo indica uma possibilidade de acontecimentos. E quais são os tempos verbais no subjuntivo? São três: o Presente do Subjuntivo, o Pretérito Imperfeito do Subjuntivo e o Futuro do Subjuntivo. Apenas esses três tempos verbais.

Temos mais um modo ainda: o modo imperativo. E o imperativo vem de onde? De imperador, império, ou seja, o imperador é aquele que manda. Por isso, o modo imperativo é usado para dar uma ordem, uma instrução, um comando. Ele serve para dizer o que alguém deve (ou não) fazer. O modo imperativo é dividido em dois: Imperativo Afirmativo e Imperativo Negativo. Certo? Tranquilão? Numa boa? Esses são os modos verbais e seus respectivos tempos verbais.

Vamos lá: quando eu olho para os verbos, tem uma parada muito legal que a gente precisa aprender: eles são divididos em três conjugações. Mas o que são as conjugações? Conjugações verbais são os tipos de terminações que cada verbo tem. Certo? Então, por exemplo, o verbo "cantar" termina em "-ar", o verbo correr termina em "-er" e o verbo corrigir termina em "ir". Todos os verbos terminados em "ar" são classificados como verbos de primeira conjugação. Verbos terminados em "-er" são da segunda conjugação. E os verbos terminados em "-ir" são classificados como verbos da terceira conjugação.

Mas e os verbos que terminam em "-or", tipo o verbo "compor"? Eles são classificados em qual conjugação? Quarta? Não.

Vamos contar um pouquinho de história agora. Há muito tempo, quando a língua portuguesa estava se instalando no Brasil – trazida pelos portugueses e também pelos povos escravizados –, o verbo pôr, que é a base dos verbos terminados em "-or", como "compor", tinha uma escrita diferente. Na época, ele era escrito como "poer", e os seus derivados seguiam essa mesma forma, por exemplo, "compoer". Com a evolução da língua e o processo natural de transformação das palavras, o verbo "poer" perdeu o "e" e passou a ser escrito como "pôr", com acento justamente para diferenciar da preposição "por". Mas esse processo deixou alguns resquícios, algumas heranças – palavras que mantiveram aquele "e" do antigo "poer". Por exemplo, quando usamos a expressão "sol poente", estamos falando do sol que se "põe", ou seja, que vem do verbo "pôr", que antigamente era "poer". Então, com a evolução da língua, o verbo "poer" perdeu a letra "e" e se transformou no "pôr" que conhecemos hoje. Por isso, todos os verbos terminados em "-or" pertencem também à segunda conjugação, já que a base original, "poer", terminava em "-er".

Beleza? Tranquilo? Maravilha isso?

Muito bem. Agora, pensando apenas nos verbos regulares, ou seja, aqueles que não alteram o radical quando são conjugados nos diferentes tempos verbais, vou conjugar para você o verbo "cantar" em todos os tempos e modos verbais, para que você possa ver como o radical não se altera:

Presente do Indicativo

Eu **cant**o
Tu **cant**as
Ele **cant**a
Nós **cant**amos
Vós **cant**ais
Eles **cant**am

Pretérito Perfeito do Indicativo

Eu **cant**ei
Tu **cant**aste
Ele **cant**ou
Nós **cant**amos
Vós **cant**astes
Eles **cant**aram

Pretérito Imperfeito do Indicativo

Eu **cant**ava
Tu **cant**avas
Ele **cant**ava
Nós **cant**ávamos
Vós **cant**áveis
Eles **cant**avam

Pretérito Mais-Que-Perfeito do Indicativo

Eu **cant**ara
Tu **cant**aras
Ele **cant**ara
Nós **cant**áramos
Vós **cant**áreis
Eles **cant**aram

Futuro do Presente do Indicativo

Eu **cant**arei
Tu **cant**arás
Ele **cant**ará
Nós **cant**aremos
Vós **cant**areis
Eles **cant**arão

Futuro do Pretérito do Indicativo

Eu **cant**aria
Tu **cant**arias
Ele **cant**aria
Nós **cant**aríamos
Vós **cant**aríeis
Eles **cant**ariam

Presente do Subjuntivo

Eu **cant**e
Tu **cant**es
Ele **cant**e
Nós **cant**emos
Vós **cant**eis
Eles **cant**em

Pretérito Imperfeito do Subjuntivo

Eu **cant**asse
Tu **cant**asses
Ele **cant**asse
Nós **cant**ássemos
Vós **cant**ásseis
Eles **cant**assem

Futuro do Subjuntivo

Eu **cant**ar
Tu **cant**ares
Ele **cant**ar
Nós **cant**armos
Vós **cant**ardes
Eles **cant**arem

Imperativo Afirmativo

Canta tu
Cante você
Cantemos nós
Cantai vós
Cantem vocês

Imperativo Negativo

Não **cant**es tu
Não **cant**e você
Não **cant**emos nós
Não **cant**eis vós
Não **cant**em vocês

Muito bem! Perceba que o que está em **negrito** é o radical, "cant". O que sobrou no final da palavra, nós chamamos de desinência verbal, certo? A desinência verbal é a parte da conjugação do verbo que vai ser usada para conjugar qualquer verbo regular terminado em "-ar" nos tempos verbais existentes. *"Como assim, professor?"* Quer ver? Troque o radical "cant" e coloque o radical "am", que é o radical do verbo "amar". Olha só!

Presente do Indicativo

Eu **am**o
Tu **am**as
Ele **am**a
Nós **am**amos
Vós **am**ais
Eles **am**am

Alguém pode pensar assim: *"Professor, que legal! Então, eu não preciso decorar todos os verbos, só preciso saber a desinência verbal, o finalzinho das conjugações verbais?"*. É isso mesmo! Se você percebeu isso, então entendeu como funciona a conjugação verbal para os verbos regulares. Eu só preciso saber a desinência. Ou seja, todas as conjugações com verbos regulares terminadas em "-ar", "er" e "-ir" funcionam dessa maneira.

Por exemplo, vamos pegar o verbo "correr":

Presente do Indicativo

Eu **corr**o
Tu **corr**es
Ele **corr**e
Nós **corr**emos
Vós **corr**eis
Eles **corr**em

Tirando o radical do "correr" e colocando radical de qualquer verbo regular terminado em "-er", você só reutiliza as desinências e pronto, o verbo está conjugado. Sacaram? Isso vai valer para todos os tempos verbais. O pretérito perfeito, o pretérito imperfeito, todos eles funcionam dessa mesma forma.

Veja o exemplo a seguir com o verbo "comer":

Presente do Indicativo

Eu **com**o
Tu **com**es
Ele **com**e
Nós **com**emos
Vós **com**eis
Eles **com**em

Eu poderia colocar aqui uma tabela de desinências para vocês, mas o capítulo ficaria muito chato. Se você entendeu a lógica do uso das desinências nos verbos regulares, está tudo sob controle! Você não precisa mais se preocupar com conjugação verbal para os verbos regulares, certo?

O que você realmente precisa saber é como conjugar os verbos irregulares. Vou dar a vocês uma tabela de verbos irregulares. Segue abaixo:

ser	vir
estar	dar
haver	trazer
pôr	dizer
saber	querer
poder	pedir
medir	ouvir
fazer	caber

Obviamente, você vai ter que gravar a conjugação desses verbos, pois eles não seguem uma mesma lógica, infelizmente.

Tranquilo até aqui, pessoas? Este capítulo foi destinado a entendermos o que são os verbos e como usá-los com base nos tempos verbais e nas conjugações, além de compreender a sua regularidade ou irregularidade.

Eu me emociono cada vez que vejo ou percebo que vocês estão aprendendo língua portuguesa do meu jeito leve de explicar. Fico muito feliz! Estamos juntos, e eu sei que, depois dessa, você nunca mais vai pagar mico em língua portuguesa.

18. TODA AÇÃO TEM UMA REPRESENTAÇÃO

Pessoas, neste capítulo vou finalizar o conteúdo sobre os verbos. Nesta segunda parte, vamos ver coisas simples e bem de boa. Vou falar sobre mais algumas características dos verbos, que são bem tranquilas de entender, e, assim, vou tirar todas as dúvidas de vocês.

Nós falamos sobre os tempos e modos verbais em outro capítulo. Neste capítulo, começo falando sobre a forma nominal do verbo.

Mas, afinal, o que é a forma nominal do verbo? O verbo pode ter três formas nominais. Primeiro, ele pode estar no infinitivo; segundo, pode estar no gerúndio; e, terceiro, pode estar no particípio. *"O que é isso, professor?"*

O verbo está no infinitivo quando ele termina em -r, ou seja, na sua forma original. Um exemplo disso é a frase: "**Ler** é um prazer".

Veja só: "**ler**" é o verbo e ele termina em -r, na sua forma de escrita original; logo, ele está no infinitivo. Bem tranquilo, bem fácil, né? Essa é a forma como se procura um verbo no dicionário, sempre no infinitivo.

Também temos o gerúndio. O que é o gerúndio? O gerúndio é quando o verbo termina em -ndo. Veja o exemplo: "**Saindo** de casa, encontrei alguns amigos". "**Saindo**" é o verbo e ele termina em -ndo, pois está no gerúndio. Fácil, né? Agora, é importante não confundir o gerúndio com o gerundismo, vício de linguagem que consiste no uso excessivo e inadequado do gerúndio. Sabe quando uma empresa te liga e o atendente diz assim: "Vou estar passando a sua ligação?". Esse "vou estar passando" é desnecessário, porque a fala pode ser mais direta ao usar simplesmente "vou passar" ou até mesmo "passarei".

E ainda temos o particípio. O que é o particípio? O particípio é quando o verbo termina em -do. *"Professor, como assim termina em -do?"* Vamos pegar o verbo "sair" como exemplo. Se eu for escrever esse verbo no particípio, eu o escreveria assim: "saído". Então, aplicando em uma frase, ficaria assim: "Eu nunca tinha **saído** de casa sem meus documentos".

E veja, quando o verbo está em uma de suas formas nominais, ele pode não ter função de verbo na frase. Ele pode assumir a função de advérbio, de adjetivo e até mesmo de substantivo, por isso é dito que ele está na forma nominal. Sacaram a ideia?

Ainda dentro desse assunto, normalmente as formas nominais do verbo aparecem onde? Em uma locução verbal. Locução verbal é quando dois ou mais verbos têm a função de um só. Por exemplo, você pode dizer: "Os mares ***foram navegados*** pelos piratas". Muito bem. A forma verbal "**foram navegados**", formada pelo verbo "**ir**" mais o verbo "**navegar**", é uma locução verbal, porque temos dois verbos com a função de um só, "**foram navegados**", que equivale a dizer "**navegaram** os mares". Perceba que o verbo "**navegar**" está terminado em -do, ou seja, está no particípio.

Então, note que, na locução verbal, um dos verbos sempre estará na forma nominal. O primeiro verbo, que é "**foram**", é chamado de verbo auxiliar; já o segundo verbo, "**navegados**", é chamado de verbo principal, que é o verbo que está na sua forma nominal.

Veja que, terminado em -do, o verbo principal está no particípio. O verbo auxiliar será o responsável por dar o tempo verbal, o modo verbal e a pessoa do discurso, certo? Então, em "foram navegados", "foram" está na terceira pessoa do plural do pretérito perfeito do indicativo. Fácil, né? É muito fácil isso.

Muito bem, dentro dessa proposta de características diferenciadas dos verbos, vamos passar para outra parte. Existem alguns verbos chamados de verbos anômalos. *"Anômalos, professor? Como assim anômalos?"* Anômalos porque eles apresentam uma anomalia na sua conjugação. Verbo anômalo é aquele em que ocorre uma mudança geral nas características do verbo, na sua conjugação verbal. Vou te dar dois exemplos de verbos anômalos.

Primeiro, temos o verbo "**ser**", e, em seguida, o verbo "**ir**". Veja que bacana! É quase uma mágica, pessoas. Vamos conjugar os verbos "ser" e "ir" no pretérito perfeito e ver como fica.

Pretérito Perfeito do Indicativo (SER)

Eu fui
Tu foste
Ele foi
Nós fomos
Vós fostes
Eles foram

Pretérito Perfeito do Indicativo (IR)

Eu fui
Tu foste
Ele foi
Nós fomos
Vós fostes
Eles foram

Caraca, percebeu como é igual? Igualzinho! O verbo "ser" e o verbo "ir", no pretérito perfeito do indicativo, têm a mesma conjugação. Isso é um verbo anômalo. No caso, aqui temos dois verbos anômalos. Sacaram a ideia?

E como fazemos para saber qual verbo é? Somente pelo contexto de uso desses verbos nas orações em que são aplicados. Ou seja, se é o verbo “ser” ou o verbo “ir”, vai depender exatamente do contexto. Se eu usar em qualquer frase, preciso olhar o contexto dessa oração para saber qual é a função do verbo – se é “ser” ou “ir”. Maravilha?

Muito bem! Além dos verbos anômalos, temos os verbos chamados de verbos abundantes. O verbo abundante é aquele que tem mais de uma possibilidade de escrita quando está sendo conjugado no particípio, ou seja, ele tem o particípio regular e o particípio irregular.

Quer ver? Vou deixar uma tabela com alguns verbos abundantes para nós. Olha que beleza! Veja a seguir:

VERBO	PARTICÍPIO REGULAR	PARTICÍPIO IRREGULAR
Aceitar	Aceitado	Aceito
Anexar	Anexado	Anexo
Despertar	Despertado	Desperto
Entregar	Entregado	Entregue
Eleger	Elegido	Eleito
Expulsar	Expulsado	Expulso
Ganhar	Ganhado	Ganho
Imprimir	Imprimido	Impresso
Limpar	Limpado	Limpo
Matar	Matado	Morto
Morrer	Morrido	Morto
Pagar	Pagado	Pago

O verbo “aceitar” tem duas maneiras de escrever: pode ser “aceitado” ou “aceito”. Olha só! Isso é um verbo abundante. A tabela anterior mostra alguns desses verbos abundantes: limpar (“limpado” e “limpo”); salvar (“salvado” e “salvo”). Existem muitos verbos que passam por esse processo, como “enxugar” (“enxugado” e “enxuto”).

Mas veja, existe uma regra para aplicar isso: verbos que formam uma locução verbal, utilizando como verbo auxiliar os verbos "ter" e "haver", sempre usam o particípio regular. Veja o exemplo: "Eles ***tinham aceitado*** as desculpas".

Logo, se usarmos os verbos "ter" e o "haver", devemos usar o particípio regular. Agora, se utilizarmos os verbos "ser" e "estar" na locução verbal, aí devemos usar o particípio irregular.

É importante lembrar que nem todo verbo tem duas formas de particípio possíveis, alguns verbos têm apenas uma forma de particípio. Muito bem, pessoas, agora que já expliquei sobre os verbos abundantes, vamos seguir.

Além dos verbos abundantes, temos alguns verbos chamados de verbos defectivos. *"Professor, verbo defectivo é porque ele defeca?"* Não, não, para com isso, né? Nada de verbo defecar, não é isso. Como eu já ouvi isso em sala de aula! O termo verbo defectivo vem de "defeito", ou seja, é porque esses verbos têm um defeito na conjugação. *"Como assim?"* Quer ver? Vamos conjugar o verbo "colorir" no Presente do Indicativo? Vamos lá:

Presente do Indicativo

Eu <u>coloro</u> (não existe)
Tu **col**ores
Ele **col**ore
Nós **col**orimos
Vós **col**oris
Eles **col**orem

Eu "coloro" é muito estranho, ou seria "eu colori"? Não, "colori" é passado. Eu "coloro", na verdade, não existe! Isso porque não existe a forma da primeira pessoa do singular no Presente do Indicativo do verbo "colorir", gente. O verbo "colorir" na primeira pessoa do singular do Presente do Indicativo não existe. Sacaram? É por isso que ele é chamado de verbo defectivo, pois tem um problema na conjugação, um defeito de conjugação.

Assim como o verbo "colorir", temos o verbo "abolir", que também não tem a forma "eu abolo". Outro exemplo é o verbo "falir". Talvez alguém possa pensar: *"Claro que existe, profe! Eu falo, ou eu falho"*. Não, "eu falo" é do verbo "falar", e "eu falho" é do verbo "falhar", logo, o verbo "falir" também não existe na primeira pessoa do singular do Presente do Indicativo. Por isso, são chamados de verbos defectivos – verbos que têm um defeitinho de fabricação, certo?

Então, verbos defectivos não têm, pelo menos, uma pessoa na conjugação. *"Mas então, professor, como é que eu vou usar esses verbos no Presente do Indicativo?"* Bem, no caso do verbo "colorir" você pode dizer: "Eu estou colorindo", usando uma locução verbal. Sacaram? Com os outros verbos, funciona da mesma forma. Por exemplo: "Eu estou falido".

Seguindo com nossos aprendizados, quero trazer dois verbos para ilustrar uma característica muito própria deles: os verbos "haver" e "fazer", nas suas formas impessoais.

Os verbos "haver" e "fazer" são considerados impessoais quando indicam o mesmo sentido de "existir", tempo decorrido ou fenômenos da natureza. Isso significa que eles não têm sujeito e devem ser sempre conjugados na terceira pessoa do singular. *"Como assim, profe?"* Veja os exemplos:

1. **Havia** pessoas lá fora.

O verbo "haver", nesse caso, está sendo usado no sentido de "existir" e, por isso, é um verbo impessoal: fica na terceira pessoa do singular e não tem sujeito. Nesse sentido, ele será sempre conjugado dessa forma.

2. **Há** uma semana que não o vejo.

O verbo "haver", aqui, está sendo usado no sentido de tempo decorrido e, por isso, é impessoal: fica na terceira pessoa do singular e não tem sujeito.

3. **Faz** anos que não nos falamos.

O verbo "fazer", aqui, está sendo usado no sentido de tempo decorrido e, por isso, é impessoal: fica na terceira pessoa do singular e não tem sujeito.

4. **Fazia** 10 graus em Curitiba.

O verbo "fazer", nesse caso, está relacionado a um fenômeno da natureza e, sendo assim, é impessoal: fica na terceira pessoa do singular e não tem sujeito.

E agora, para arrematarmos essa parte sobre as características dos verbos, precisamos falar sobre as vozes verbais, um assunto fácil e necessário.

As vozes verbais são as formas como o verbo se apresenta na oração, indicando se o sujeito pratica a ação, recebe a ação ou, ainda, as duas coisas ao mesmo tempo – sem contar os casos em que há uma ideia de reciprocidade. Temos três tipos de vozes verbais: a voz ativa, a voz passiva e a voz reflexiva.

Até aqui, tudo muito tranquilo, certo?

A voz ativa é quando o sujeito faz a ação da minha oração. Fácil? Então vamos pensar assim: "Noslen comeu pinhão". *"Professor, o que é pinhão?"* Para o pessoal que não conhece a região Sul do Brasil, pinhão é uma fruta característica do pinheiro. E nós, aqui da região Sul, comemos bastante no inverno. Cozinhamos e comemos bem quentinho. Hummm...

Bem, voltando à análise da oração "Noslen comeu pinhão". Veja que essa é uma voz ativa, pois "Noslen" é o sujeito da oração e é ele quem está agindo sobre o "pinhão", ou seja, está praticando a ação. Logo, isso caracteriza a voz ativa. Fácil, tranquilo.

Agora, o que seria a voz passiva?

A voz passiva ocorre quando o sujeito sofre a ação da oração. Então, por exemplo, na oração que eu fiz, se eu inverter a ordem, mantendo o sentido, crio a voz passiva: "O pinhão foi comido pelo Noslen". Veja que fizemos uma inversão na estrutura da oração. Transformei o "pinhão" no sujeito da oração e o "Noslen" virou o agente da passiva, que é o termo que realiza a ação na oração passiva. No entanto, mantive a mesma ideia e a mesma informação da oração original, que estava na voz ativa.

Perceba que o "Noslen" continua comendo o "pinhão", porém, na estrutura nova, o "pinhão" virou sujeito e é comido pelo "Noslen", o que mantém a mesma ideia. Mas concorda que agora o sujeito é quem sofre a ação? Logo, quando o sujeito sofre a ação, temos uma oração na voz passiva. Sacaram a ideia? Na voz ativa, o sujeito faz a ação, a oração é ativa; na voz passiva, o sujeito sofre a ação, a oração é passiva.

"Professor, e não existe uma tal de voz reflexiva?" A voz reflexiva ocorre quando o sujeito faz a ação sobre si mesmo. Vamos pensar a partir do exemplo: "Noslen cortou-se ao fazer a barba". Perceba que a ação do "Noslen" é sobre ele mesmo e, nesse caso, "Noslen" é o sujeito da oração. Observe também que o "se" dentro do verbo ajuda na construção da reflexão da ação. Por isso, é uma voz reflexiva. Ou seja, "Noslen" cortou a si mesmo. A ação do sujeito recai sobre ele mesmo, o que caracteriza uma ação reflexiva, marcada pelo verbo e pelo pronome "se". Muito tranquilo? Muito fácil?

Para finalizar esse tema, temos uma ramificação da voz reflexiva, que é a voz recíproca. Quando temos, por exemplo, um sujeito composto ou um sujeito plural, podemos usar a voz recíproca.

"Profe, o que é voz recíproca?" A voz recíproca ocorre quando a ação é realizada mutuamente dentro do sujeito. Por exemplo: "Os jogadores abraçaram-se após o jogo". Nesse caso, "os jogadores" é o sujeito, e "abraçaram-se" indica uma ação mútua entre eles. Ou seja, a ação de abraçar é recíproca, cada jogador abraçou o outro. Portanto, nessa oração, temos a voz recíproca. Beleza?

A voz recíproca é uma variação da voz reflexiva. Muito tranquilo, muito fácil? Ah, que alegria, pessoas!

Assim finalizamos mais um capítulo do nosso livro. Espero que estejam curtindo. Estou tentando deixar os conteúdos o mais acessíveis possível para todos vocês que estão lendo estas páginas.

Se você aprendeu algo comigo neste capítulo, já aproveita e posta uma foto de você lendo o livro e me marca (@professornoslen).

19.

A LÍNGUA FIGURADA NOSSA DE CADA DIA

Agora vamos falar de algo que faz parte do nosso jeito de se expressar: as figuras de linguagem!

Brasileiro adora dar um toque criativo na conversa – e usa a linguagem figurada como ninguém!

Sabe quando alguém diz "tô enforcado de grana", "tô morrendo de fome" ou solta um "quem tem boca vai a Roma"?

Isso é figura de linguagem na prática, e a gente usa sem nem perceber!

Olha só, gente! Figuras de linguagem são muito legais, mas, antes de falar sobre elas, preciso relembrar dois conceitos básicos para vocês. Primeiro, o conceito de denotação. **Denotação** é quando usamos a palavra no seu sentido literal, ou seja, o sentido que ela tem no dicionário. Pensa assim: denotação = dicionário, certo? Então, quando a palavra está sendo usada nesse sentido mais direto e restrito, chamamos isso de denotação, beleza?

Além da denotação, temos outro conceito: o de conotação. **Conotação** é quando usamos a palavra no seu sentido figurado. Ou seja, o sentido conotativo é aquele aplicado dentro de um contexto rico em interpretações. Resumindo: a denotação é o sentido literal, a conotação é o sentido figurado, certo?

A partir disso, vamos falar agora sobre as figuras de linguagem, que estão diretamente relacionadas à conotação, já que utilizamos palavras ou expressões no sentido figurado. Existem vários tipos de figuras de linguagem, e vamos conversar um pouco sobre as principais delas e como cada uma funciona.

Para isso, vou precisar dividir esse assunto em dois capítulos, para que não fique muito pesada a sua leitura.

Muito bem! Vamos lá, gente!

A primeira figura de linguagem bacana de que vamos falar é a comparação. **Comparação** acontece quando estabelecemos uma relação entre dois elementos em um texto. Porém, para isso, é preciso usar elementos comparativos na escrita. O que seria um elemento comparativo? São palavras que estabelecem essa relação de comparação. Por exemplo: como, tal qual, igual a, que nem.

A comparação é muito legal, mas você não pode confundir a comparação com a metáfora, e eu já vou explicar por quê. A comparação sempre terá esse elemento comparativo que estabelece a relação. Precisamos lembrar que as figuras de linguagem costumam aparecer onde? Normalmente em poesias.

Veja o exemplo:

> "Não consigo dizer se é bom ou mal,
> ***Assim como*** *o ar me parece vital."*
> *(Fogo – Capital Inicial)*

Olha que bonito isso: "Assim como o ar...". "**Assim como"** está estabelecendo uma comparação, ou seja, precisa ter um elemento comparativo, uma palavra que faça a comparação, certo? Beleza! Isso é a comparação.

Explicando a comparação que ocorre na música, temos o sentimento que o eu lírico está vivendo que não pode ser classificado com facilidade, mas é indispensável, assim como o ar.

Agora, se você, em vez de fazer uma comparação, fizer uma afirmação e usar a palavra com um sentido diferente do seu significado original, teremos uma **metáfora**. Bem simples, né? Veja o exemplo: "Dos meus olhos escorreram pérolas". A gente sabe que não escorrem pérolas dos olhos, né? Escorrem lágrimas. Mas, ao usar a palavra "pérola" com um significado diferente do usual, ou seja, dentro de um contexto mais simbólico, criamos uma metáfora.

Veja o exemplo de um trecho de uma música:

> **"Você é luz, é raio, estrela e luar.**
> *Manhã de sol, meu iaiá, meu ioiô."*
> *(Fogo e Paixão – Wando)*

Olha só: "Você é luz", "você é raio", "você é estrela", "você é luar". Essas afirmações todas são metáforas, pois ninguém é realmente luz, nem raio, nem estrela, nem luar. Ou seja, todas essas afirmações são metáforas.

Muito bem, seguimos adiante de forma bem tranquila.

Agora, temos outra figura de linguagem bem comum na fala do nosso povo: a **metonímia**. Ela aparece em muitas expressões, mas, pensando no conceito, o que são metonímias? É quando trabalhamos com palavras por aproximação ou por substituição.

Vamos a um exemplo: "Li Machado de Assis". Você não lê o Machado de Assis em si. Não abrimos o caixão para ler o corpo de Machado de Assis. Na verdade, lemos a obra de Machado de Assis. Nesse caso, trocamos a obra pelo autor. Isso é uma metonímia – um processo de substituição por aproximação.

Outra metonímia muito comum é trocarmos o produto pela marca. Muitas vezes, nem sabemos o nome do produto, apenas usamos o nome da marca. Veja o exemplo: "Hoje fiz minha barba no banho com Gillette". Gente, Gillette é a marca. Na verdade, você faz a barba com lâmina de barbear, certo? Então, o nome do produto é lâmina de barbear, e Gillette é a marca.

Outro exemplo seria: "Vamos ao mercado comprar Qboa". Na verdade, Qboa é a marca; você vai comprar água sanitária. Isso é uma metonímia, em que se troca a marca pelo produto (ou o produto pela marca, melhor dizendo). Vejam, esse tipo de metonímia é muito comum no nosso dia a dia, nós utilizamos e nem percebemos.

Podemos ver outro exemplo de um produto que usamos, mas nem sempre sabemos o nome correto: "Vou comprar um Band-aid". Na verdade, compramos ataduras autoadesivas da marca Band-aid, que é o nome do produto que ficou popularmente conhecido, certo? Outro produto do qual nem sabemos o nome é o Post-it. O que é o Post-it? É aquele papelzinho grudento e colorido que usamos para anotar coisas. Pois bem, Post-it é a marca, e o nome correto é bloco de notas autoadesivas. Isso é metonímia, gente, quando você substitui uma palavra por outra.

Seguimos adiante.

Além da metonímia, temos outro tipo de figura de linguagem muito legal, chamada antítese. **Antítese** é quando usamos ideias contrárias, como alto e baixo, claro e escuro. Esses são exemplos de antíteses. Muito bem, podemos encontrar antíteses em vários lugares, especialmente nas músicas. Veja este exemplo:

> *"Uma noite **longa***
> *Uma vida **curta**."*
> *(Lanterna dos Afogados – Paralamas do Sucesso)*

Agora, preciso pedir atenção de vocês para a próxima figura de linguagem, pois muita gente a confunde com a antítese. Chegou a hora de falarmos do paradoxo. O **paradoxo** é uma ideia parecida com a antítese, mas é diferente. Olha só: o paradoxo não é formado por ideias contrárias, mas, sim, por uma relação de absurdo dentro do contexto. São ideias que se anulam, que se excluem. *"Como assim, ideias que se excluem, professor?"*

Por exemplo: "Para conhecer o meu interior, é preciso que eu saia de mim". Como assim, "para conhecer o interior eu tenho que sair"?

Exatamente, isso é um paradoxo. Quer ver um exemplo?

"Mudaram as estações, nada mudou
Mas eu sei que alguma coisa aconteceu
Tá tudo assim, tão diferente
Se lembra quando a gente
Chegou um dia a acreditar
Que tudo era pra sempre
Sem saber que o pra sempre
Sempre acaba?"
(Por Enquanto – Cássia Eller)

Como assim, "mudaram as estações e nada mudou"? Ou ainda, como "o pra sempre sempre acaba", gente? Se mudaram, então algo mudou. Se é para sempre, não tem como acabar, porque é para sempre! Isso é um paradoxo. Não são ideias contrárias, são ideias que se anulam. Gravem isso e não confundam com antítese, beleza?

Outra figura de linguagem de que vamos falar aqui é a chamada personificação. A **personificação** é sensacional e também pode ser chamada de prosopopeia. O que é prosopopeia? Ou personificação?

É quando você atribui características humanas a seres não humanos ou a coisas não humanas. Certo? Por exemplo, quando eu digo: "Ah, meu cachorro sorriu". Gente, desculpa, o cachorro não sorriu. Ele pode até ter uma cara de feliz porque você chegou e, instintivamente, ele sabe que algo bom vai acontecer para ele. *"Ah, professor, meu cachorro é fofinho, ele sorriu pra mim, sim, ainda abana o rabinho."* O meu cachorro, o Pipo, também é fofo. Mesmo assim, ele não sorri.

Então, quando eu falo "o cachorro riu", isso é uma personificação, beleza? Tem muitas músicas que trazem essa figura de linguagem também, e eu separei uma música um pouquinho mais antiga que fala sobre isso. Ela diz assim:

*"**O vento beija** meu cabelo*
***As ondas lambem** minhas pernas*
***O sol abraça** o meu corpo,*
***Meu coração canta** feliz."*
(Como uma Onda – Lulu Santos)

Todas as ações descritas no trecho dessa música são personificações ou prosopopeias, pois são ações atribuídas a elementos não humanos.

Depois da prosopopeia, temos a hipérbole. **Hipérbole** é o exagero, quando você trata algo de maneira exagerada. Um exemplo clássico é a expressão "Vou morrer de rir", afinal, ninguém morre de rir, gente; isso é exagero. Ou ainda, "vou comprar um milhão de balas hoje". Mentira, você vai comprar dez, vinte no máximo. Um milhão é muita coisa, não vai comprar um milhão de balas, certo? Então, isso é uma hipérbole – quando você exagera.

Um exemplo musical de hipérbole já traz no próprio nome a ideia de hipérbole.

"Paixão cruel desenfreada,
*Te trago **mil rosas roubadas,***
Pra desculpar minhas mentiras,
minhas mancadas.
Exagerado, jogado aos seus pés
Eu sou mesmo exagerado, adoro
um amor inventado."
(Exagerado – Cazuza)

Olha só: "Te trago mil rosas roubadas". Se trouxer uma só já está bom, né? Por isso, hipérbole trabalha com exageros!

Agora vamos falar de uma figura de linguagem que não é muito comum pelo nome, mas muito comum no uso: o eufemismo. **Eufemismo** é quando você tenta abrandar uma informação que é muito dura, certo? Por exemplo, se você precisa dar uma notícia triste para o netinho, como o falecimento do avô dele, você não vai dizer: "Ah, seu avô morreu!". Você vai chegar para o netinho e falar algo como: "Olha, seu avô virou estrelinha".

Você vai abrandar uma informação, esse é o tal do eufemismo. Tem uma letra de música que eu gosto muito de usar como exemplo, mas talvez eu estrague a vida de vocês, porque ela é bem famosa e talvez ninguém tenha percebido o eufemismo nela. Isso acontece porque há uma história por trás, e o que eu vou contar aqui é verdade. A música diz o seguinte:

> *"O jeito é dar uma **fugidinha** com você*
> *O jeito é dar uma **fugida** com você*
> *Se você quer saber o que vai acontecer*
> *Primeiro a gente **foge**, depois a gente vê."*
> *(Fugidinha – Thiaguinho e Rodriguinho)*

Bom, vou deixar vocês pensarem qual seria o eufemismo aí. Vou deixar a informação, e depois vocês tentam entender. Os autores da música trazem uma informação subentendida por trás da letra, porque, na verdade, a palavra "fugidinha" e suas variações (fugida, foge) estão mascarando a verdadeira palavra que eles queriam usar. Mas, para não deixar a música muito explícita, eles optaram por essa expressão. A ideia de "fugidinha", aqui, é um pouquinho mais *caliente*, por isso, eles abrandaram a informação com essa expressão, mas o que eles gostariam de dizer mesmo é outro verbo mais pesado. Vai pensando com carinho aí que, em breve, você vai entender o que é a tal da "fugidinha". Bom, para ser bem direto, é só trocar a letra "g" da palavra "fugidinha" e suas variações pela letra "d", e assim você entenderá qual verbo os autores realmente queriam usar.

Beleza? Seguimos!

A **ironia**, que também é uma figura de linguagem, é algo muito natural do ser humano, especialmente no povo brasileiro, que é sempre muito irônico. A **ironia** acontece quando você faz uma afirmação querendo dizer o contrário. Isso é ironia. Por exemplo: "Tirou zero na prova! Olha só que inteligente ele é!". Na verdade, estou querendo afirmar o contrário nesse contexto, e é isso que caracteriza a ironia.

Temos uma música bem famosa que usa a ironia. Veja só:

> ***"Que pena que 'cês terminaram***
> ***Achei que ia durar pra sempre***
> ***'Tô triste com um negócio desse***
> *Escuta aí o barulho do foguete."*
> *(Barulho do Foguete – Zé Neto e Cristiano)*

Então, isto é uma ironia: uma afirmação querendo dizer o contrário do que ela diz literalmente.

Gente, com isso a gente encerra essa primeira parte sobre figuras de linguagem!

Mas calma que ainda tem mais: no próximo capítulo, vamos explorar outras figuras bem interessantes que ainda não apareceram por aqui.

Espero que vocês estejam gostando deste livro e dos exemplos de músicas.

É isso!

20.

EU NEM SABIA QUE ISSO EXISTIA EM PORTUGUÊS

É, moçada, chegamos ao último capítulo do nosso livro! Aqui, vamos falar sobre mais algumas figuras de linguagem, porque tenho certeza de que muita gente nem sabia que elas existiam. Bem, a primeira coisa que vale relembrar é que figura de linguagem é quando usamos a linguagem de forma não literal. A figura de linguagem que vamos ver agora se chama anáfora.

A **anáfora** está relacionada à estrutura do texto. Ela ocorre quando repetimos uma palavra ou expressão no início do verso ou das orações. Encontraremos a anáfora em várias poesias e músicas. Eu separei uma música que utiliza anáfora, só para vocês entenderem como funciona essa repetição da mesma palavra ou expressão no início do verso, da oração ou do período. Veja o exemplo:

> *"**Quando** não tinha nada, eu quis,*
> ***Quando** tudo era ausência, esperei,*
> ***Quando** tive frio, tremi,*
> ***Quando** tive coragem, liguei."*
> *(À Primeira Vista – Chico César)*

A repetição da palavra "quando" no início de cada verso é a anáfora. Beleza? Fácil, tranquilo, bem de boa. Muito bem!

Além da anáfora, temos outra figura de linguagem que também está relacionada à estrutura da poesia e do texto: a aliteração.

A **aliteração** é a repetição de consoantes dentro da mesma frase, verso de música, poesia ou até mesmo do texto. Essa repetição de consoantes muitas vezes ajuda na melodia da poesia ou do próprio texto e também facilita a compreensão e interpretação. Então, vamos lá: separei um trecho de uma música bem conhecida de vocês, que utiliza esse recurso da aliteração. Veja a seguir:

> *"**M**i**nh**a a**m**iga, **m**i**nh**a **m**i**n**a, **m**i**nh**a **n**a**m**orada,*
> ***M**i**nh**a gata, **m**i**nh**a si**n**a, do **m**eu co**nd**o**m**í**n**io,*
> ***M**i**nh**a **m**usa, **m**i**nh**a vida, **m**i**nh**a **M**o**n**alisa,*
> ***M**i**nh**a Vê**n**us, **m**i**nh**a deusa,*
> *quero o seu fascínio!"*
> *(Mina do Condomínio – Seu Jorge)*

Olha só quantos Ms, Ns e NHs temos nesse trechinho da música do Seu Jorge! Todas essas repetições consonantais são aliterações. Lembrando que, aqui, estou falando de sonoridade, e não de letras, ou seja, de sons consonantais, certo? Pois reconhecemos os sons pelo ouvido, através do aparato auditivo, enquanto as letras têm relação com a visão, com a imagem. Fácil? Muito bem!

Assim como temos a aliteração, temos também a assonância. A **assonância**, ao contrário da aliteração, é a repetição de sons vocálicos, ou seja, a mesma coisa da aliteração, mas focada nas repetições dos sons das vogais. Certo? Aliteração é com consoantes, assonância é com vogais.

Separei aqui um exemplo de uma música, e a letra diz assim:

> *"**A** minh**a** **a**lm**a** t**á** **a**rm**a**d**a** e **a**pont**a**d**a***
> *p**a**r**a** **a** c**a**r**a** do sossego*
> *P**o**is p**a**z sem v**o**z, p**a**z sem v**o**z*
> *nã**o** é p**a**z, é med**o**..."*
> *(Minha Alma – O Rappa)*

Olhe quantos As temos aqui, além da repetição das vogais E e O. Essa repetição vocálica chamamos de assonância, certo? Beleza? Maravilha?

E ainda tem o pleonasmo, gente! Uma figura de linguagem muito comum no nosso dia a dia.

O **pleonasmo** acontece quando a gente repete uma ideia para dar mais ênfase, mesmo que não seja necessário.

Sabe expressões como "subir pra cima", "descer pra baixo", "sair pra fora" ou "entrar pra dentro"?

Pois é – tudo isso é pleonasmo!

Às vezes a gente nem percebe, mas também diz coisas como "hemorragia de sangue"... Ué, tem hemorragia que não seja de sangue?

É o tipo de reforço que não precisa, mas que muita gente usa sem pensar.

Tem uma música que usa vários exemplos de pleonasmos, veja só:

> *"Todo dia ela faz tudo sempre igual*
> *Me sacode às seis horas da manhã*
> ***Me sorri um sorriso** pontual e*
> ***Me beija com a boca** de hortelã."*
> *(Cotidiano – Chico Buarque)*

Veja que interessante o trecho "me sorri um sorriso". Isso não seria óbvio? Ninguém conseguiria sorrir um grito ou um choro, certo? Então, só é possível sorrir um sorriso, e isso é um pleonasmo, um reforço de ideia. Outro pleonasmo no texto é a expressão "Me beija com a boca". Nossa, jura que você beija com a boca?! Pensei que fosse possível beijar com o umbigo! Brincadeiras à parte, esses pleonasmos são sempre reforços de ideias, usados de modo intencional par dar mais expressividade ao texto.

Muito bem! Temos também a onomatopeia, que é muito legal, gente. A **onomatopeia** é quando você tenta reproduzir um som na escrita. Por exemplo, o instrumento do pagode e do samba, o "reco-reco". O nome do instrumento vem do som que ele produz. Então, o "reco-reco" é uma onomatopeia, ou seja, é a tentativa de reproduzir um som na escrita.

Busquei uma letra de música bem atual, uma poesia dos tempos modernos, para que você entenda o que é onomatopeia. Essa é uma homenagem à minha esposa.

> *"Esse **turu, turu, turu** aqui dentro*
> *Que faz **turu, turu** quando você passa*
> *Meu olhar decora cada movimento*
> *Até seu sorriso me deixa sem graça."*
> *(Quando Você Passa – Sandy e Júnior)*

Gente, agora eu preciso falar sobre um elemento que é essencial nos textos, mas, de modo geral, quase ninguém sabe que existe. Esse elemento se chama paralelismo.

O que é **paralelismo**? É uma repetição, em paralelo, da mesma relação sintática e da mesma ideia. Para simplificar, quando tenho duas ou mais ideias na construção do texto, preciso manter a mesma estrutura. Por exemplo, se a primeira parte da frase usa substantivo + verbo + preposição + substantivo, a sequência que traz uma ideia semelhante deve seguir a mesma estrutura (substantivo + verbo + preposição + substantivo). Isso é paralelismo. E o paralelismo não precisa ser no começo da oração, pode ser no meio dela, certo? Agora, vou mostrar um exemplo de paralelismo para vocês:

> *"**A voz de alguém** nessa imensidão,*
> ***A voz de alguém** que canta,*
> ***A voz de** um certo **alguém** que canta*

Como que pra ninguém."
(Alguém Cantando – Caetano Veloso)

Esse trecho poético tem uma ideia de paralelismo, ou seja, são ideias repetidas em paralelo com estruturas sintáticas iguais (artigo + substantivo + preposição + pronome).

Muito bem, seguimos com mais figuras de linguagem. Agora, temos o **neologismo**. *"O que é neologismo, professor?"*

É a criação de novas palavras, simples assim. Palavras que não existem naturalmente e que criamos por uma questão de uso. Muitas vezes, isso acontece dentro da poesia, porque é necessário ajustar a métrica do verso ou da música em si. Outras vezes, surge de uma palavra já existente que adquire um novo sentido, ou até mesmo de palavras que vêm de outra língua e as utilizamos de forma emprestada. E aí temos a criação de novas palavras, o neologismo.

Veja o exemplo:

"O luar, estrela do mar
O sol e o dom
Quiçá um dia a fúria
Desse front
Virá lapidar o sonho
Até gerar o som
*Como querer **caetanear***
O que há de bom".
(Sina – Djavan)

Perceba que a palavra "caetanear" é um neologismo, pois foi inventada pelo autor da canção. Ela tem sentido e funciona quase como um verbo, ao mesmo tempo que caracteriza algo com as características de Caetano Veloso. Então, "caetanear" é um verbo criado a partir do nome Caetano Veloso.

Eu também trouxe para vocês uma música um pouquinho mais antiga, que também fala sobre isso, que é uma música do Maurício Manieri. Ele diz assim:

> *"O que é que eu faço se é você que eu venero*
> *Ainda te amo, meu amor, ainda te quero*
> *Ter você, paixão pra vida inteira,*
> *Te **carinhar**, minha linda sereia."*
> *(Bem Querer – Maurício Manieri)*

Gente, "te carinhar"? Existe "carinhar"? Não, né? O verbo correto seria "acariciar", mas não caberia na métrica da música. Então, o que ele fez? Pegou a palavra "carinho" e fez um verbo a partir dessa palavra. Ele criou um neologismo que só serve para esse momento, para essa música, para esse contexto. Ou seja, essa palavra não existe. Beleza? Fácil? Muito bem!

Temos também o **hipérbato**, que é muito legal, pois é a inversão sintática, já que, na língua portuguesa, temos uma sequência lógica sintática, que seria: sujeito + verbo + complementos. Essa é a ordem lógica: sujeito, verbo e complementos. Quando você inverte a posição do sujeito, do complemento ou até mesmo do verbo, você tem o hipérbato. O hipérbato mais conhecido da nossa língua se encontra no nosso Hino Nacional. Veja:

> *"Ouviram do Ipiranga as margens plácidas*
> *de um povo heroico o brado retumbante."*

Olha só: "Ouviram do Ipiranga as margens plácidas de um povo heroico o brado retumbante". Gente, vocês percebem que esse trecho está fora daquela ordem que mencionei há pouco (sujeito + verbo + complementos)? Então, qual seria a ordem adequada desse trecho?

Vamos buscar, em primeiro lugar, o verbo. Qual é o verbo aí? O verbo é "ouviram". Agora, a partir do verbo, buscamos encontrar o sujeito do trecho, e para isso devemos perguntar ao verbo: "quem ouviram"? A resposta seria: "As margens plácidas do Ipiranga". Essa expressão toda seria o sujeito. Seguindo a organização, então ficaria: "As margens plácidas do Ipiranga ouviram". Agora, preciso buscar os complementos e, para isso, preciso pensar assim: "ouviram o quê?" "Ouviram de quem?". A resposta seria: "Ouviram o brado retumbante de um povo heroico".

Então, organizando tudo, ficaria da seguinte forma:

> *"As margens plácidas do Ipiranga ouviram*
> *o brado retumbante de um povo heroico."*

Com os dois complementos depois do verbo, essa inversão toda causa um problema que faz as pessoas, muitas vezes, cantarem o Hino de forma incorreta. Não sabem o que o Hino diz. Por quê? Porque ele é cheio de inversões sintáticas, ou seja, cheio de hipérbatos. Agora, quando for ler ou cantar o Hino Nacional, preste atenção na letra, pois o Hino Nacional é cheio de hipérbatos.

Seguimos agora com a **paronomásia**, que ocorre quando temos palavras parecidas, palavras que têm sonoridades semelhantes. Veja o exemplo a seguir:

> *"Conhecer as* ***manhas*** *e as* ***manhãs,***
> *O sabor das* ***massas*** *e das* ***maçãs****.".*
> *(Tocando em Frente – Renato Teixeira)*

Bonito isso, né? Conhecer as manhas e as manhãs. Perceba que "manhas" e "manhãs" são palavras parecidas em escrita e sonoridade, assim como "massas" e "maçãs". Logo, são paronomásias. Fácil, tranquilo, numa boa, seguimos!

Temos agora uma figura chamada elipse. Quando falamos em elipse, pense em termos ocultos, termos escondidos. Lembra do sujeito elíptico ou sujeito oculto? É a mesma coisa. A **elipse** trabalha com palavras ocultas dentro do texto. Essas palavras ocultas não prejudicam a compreensão, porque nosso cérebro as completa automaticamente. *"Como assim, professor?"* Olha só este exemplo:

> *"**Se não eu, quem vai** fazer você feliz?*
> ***Se não eu, quem vai** fazer você feliz? Guerra!"*
> *(Proibida pra Mim – Charlie Brown Jr.)*

Gente, no trecho "se não eu, quem vai fazer você feliz?" estão faltando palavras. Quais são as palavras que estão faltando? Caso você não tenha percebido, é porque a música já está na nossa cabeça, no nosso inconsciente, e nosso cérebro já completou o que faltava. O correto nesse trecho seria: "Se não ***sou*** eu, quem ***é que*** vai fazer você feliz?". Sacaram a ideia? E por qual motivo o autor não escreveu tudo dessa forma?

Não encaixaria na música, na métrica, e aí os compositores enxugaram o texto e deixaram tudo em elipse, ou seja, oculto. Beleza? Fácil? Numa boa?

Vamos chegando agora à última figura de linguagem, chamada gradação. O que é gradação? **Gradação** é uma sequência de ideias que se completam, formando um todo em uma sequência de intensidade de ideias.

"Ah, professor, dá um exemplo de gradação aí." Muito bem, uma música do Raul Seixas, veja a seguir:

> *"Eu sou a luz das estrelas*
> *Eu sou a cor do luar*
> *Eu sou as coisas da vida*
> *Eu sou o medo de amar*

Eu sou o medo do fraco
A força da imaginação
O blefe do jogador
Eu sou, eu fui, eu vou.*"*
(Gîtâ – Raul Seixas)

Entendeu a ideia? A gradação tem a função de enumerar elementos que se intensificam uns aos outros à medida que são apresentados no texto. Muito bom mesmo, gente.

Com esse último exemplo, concluímos as últimas dicas de figuras de linguagem. Espero ter ajudado vocês até aqui.

CONCLUSÃO

Chegamos ao final do nosso livro!

Se você chegou até aqui, é porque curtiu a forma leve, divertida e direta com que eu trouxe o conteúdo, né?

E o melhor: agora você já está pronto para se comunicar com confiança – nas redes sociais, no trabalho, na resenha com os amigos, nos grupos de WhatsApp e no dia a dia.

Ah, e não se esquece de mim, hein?

Estou sempre por aqui – nas redes, nos vídeos, nos conteúdos –, pronto para te ajudar a dominar ainda mais essa língua portuguesa que a gente tanto ama.

Se sentiu falta de algum tema por aqui, me chama nas redes sociais! Quem sabe esse pedido não vira um novo livro, novos capítulos ou até um volume 2?

Afinal, o português é infinito em possibilidades – e a gente ainda tem muita coisa linda para explorar juntos!

Vamos que vamos... e aprenda português para não pagar mico!

Um forte abraço,
Professor Noslen Borges
@professornoslen
www.professornoslen.com.br